SVLTO

Die Stadt Torquay an der »englischen Riviera« galt als einer der schönsten Orte des Empire. Hier war Agatha Christie beheimatet, in ihrem vielgeliebten Greenway House fand sie Inspiration für ihre über hundert Romane.

Paul Stänner erzählt die wechselvolle Geschichte ihres Hauses und begibt sich auf die Suche nach Schauplätzen und Tatorten der Romane. Und en passant verstehen wir, warum Agatha Christie und ihre »Denksportmorde« bis heute unsterblich sind.

Paul Stänner

Agatha Christie

in Greenway House

Verlag Klaus Wagenbach   Berlin

Für Gisela, immer wieder,
und Gabi, die die Idee hatte

TORQUAY

London, Innenstadt, Metropolenlärm. Mein Zug geht *from Paddington*, wie bei Agatha Christie im Roman *4.50 from Paddington*. Es ist zwar nicht exakt dieselbe Uhrzeit wie bei Agatha Christie, aber es ist ebenfalls später Nachmittag, als ich auf dem Bahnhof stehe und nach meinem Zug suche. Ich fahre nach Torquay an der Südküste Englands. Die Abfahrtsgleise werden erst in letzter Minute über Lautsprecher angesagt. Ich schaue auf eine Anzeigetafel wie auf einem Flughafen. Paddington Station stammt noch aus der Frühzeit der industriellen Revolution. In mehreren Wölbungen ist das Dach über die Gleise und die Bahnsteige gespannt. Stählerne Rippen tragen die Glasdächer. Der Kopfbahnhof ist hell, blitzsauber und erfüllt vom ununterbrochenen Wummern der Dieselloks, die auf ihre Signale warten. Die Durchsagen aus den Lautsprechern sind trotzdem verständlich, was als Beweis britischer Ingenieurskunst gelten darf. Pünktlich verlässt mein Zug den Bahnhof.

Das Gepäck ist verstaut. Ohne Komplikationen verläuft die Fahrt nach Süden, in Richtung Devon. Der Burberry liegt griffbereit. Erwartungsvoll blicke ich der Riviera entgegen, habe gleichzeitig aber eine mahnende Stimme im Kopf, die mich daran erinnert, dass es sich um die englische Riviera handelt. Wie bei ihrer französischen Namensvetterin regnet es auch an der englischen Riviera nur gelegentlich, aber bei mehr Gelegenheiten. Dann tauchen die ersten

Möwenschwärme auf. Je näher die Küste kommt, desto dichter werden sie und desto aufdringlicher. Eine Atmosphäre von undeutlicher Bedrohung stellt sich ein. In Bristol scheinen sie gar den Bahnhof angreifen zu wollen. Ich komme der See näher und betrete Agatha-Christie-Land. Gefahr gehört hier zur regionalen Folklore.

Torquay ist der nördliche Endpunkt der Torbay, einer langgestreckten Bucht. Sie ließe sich – ohne lokalpatriotischen Unwillen zu erregen – beschreiben als verblühte Schönheit mit großer Vergangenheit. In der Mitte des Uferbogens liegt Paignton: ein kinderfreundliches Familienbad mit vielversprechenden Investitionen in die touristische Infrastruktur. Am südlichen Ende befindet sich Brixham, eine Hafenstadt mit Fischauktionshalle, das maritime Arbeitszentrum der Torbay.

Es gibt eine Küstenstraße, die sich entlang der Bucht zieht und Torquay in Hälften schneidet. Die eine steigt steil an und formt ein Halbrund wie ein antikes Amphitheater. In diesem Halbrund stapeln sich auf Terrassen den Hang hinauf schöne alte weiße Villen nach dem Geschmack von Königin Victoria oder König Edward. Akkurat geschnittene Buchsbäume und mediterrane Kiefern zieren die Häuser auf der Kammlinie. Die südenglische Nachmittagssonne lässt sie leuchten.

In erhabener Toleranz scheint sie auch auf die weniger schönen Hochhäuser nach dem Geschmack der Immobilienhaie. Auch sie haben die Hügelkrone erobert. Im Wortsinn herausragend sind die »drei hässlichen Schwestern«, gelbe unförmige Klötze, die sich vulgär zwischen die weißen Hochhäuser ihrer Umgebung gedrängt haben.

Am Hafen finden die rivieraspezifischen Inszenierungen – also der Badebetrieb, die jährlichen Regatten und die ein- und auslaufenden Boote der Segeltörns – statt, die die Stadt von oben bewundern will.

Die »drei hässlichen Schwestern« in Torquay

Auf den Kaianlagen sind in gleichmäßigen Abständen mannshohe Palmen gepflanzt. Zwischen den Laternen hängen Leuchtgirlanden, so, als finde hier jeden Abend eine elegante Promenade statt.

»In meinen Augen kann kein Küstenort Südenglands St. Loo das Wasser reichen. Zu Recht gebührt ihm der Ehrentitel ›Die Perle unter den Badeorten‹, was einen unweigerlich an die französische Riviera erinnert. Als ich dies meinem Freund Hercule Poirot gegenüber äußerte, meinte er lediglich: ›Genau das stand gestern auf der Karte im Speisewagen, mon ami. Also keine sehr originelle Bemerkung Ihrerseits.‹«

Armer Captain Hastings! Torquay ist in dem Roman *Peril at End House* (»Das Haus an der Düne«) von Agatha Christie jener Badeort St. Loo, von dem der stets etwas dümmliche Captain Hastings spricht. Das *Majestic* aus dem Roman ist das Imperial Hotel von heute (eine Namensgebung, die gegen den Verlauf der Geschichte gerichtet ist, könnte man sagen). Das Imperial liegt auf den Rängen des Amphitheaters von Torquay Mitte rechts.

»Wir befanden uns auf einer der Terrassen des größten Hotels in St. Loo, dem Majestic. Es machte seinem Namen alle Ehre, wie es da in einer großzügigen Anlage mit Meeresblick majestätisch thronte. Zu unseren Füßen erstreckte sich der Garten des Hotels, in dem sich sogar einige Palmen wiegten. Alles in allem war es eine vollkommene Idylle.«

Hercule Poirot und sein Freund Captain Hastings blicken in Urlaubslaune auf das Meer hinaus – so wie jetzt Frank Turner und ich. Wir stehen auf einer der Terrassen des Imperial Hotel. Zu unseren Füßen erstreckt sich der Garten des Hotels, in dem sich einige Palmen wiegen. Der Blick über die weite Bucht ist hinreißend, eine unschuldige Sonne bricht durch die Wolken und lässt die grüne See funkeln. Vor drei Minuten hatte es noch geschüttet wie aus Eimern.

Frank Turner, weiße strähnige Haare, heller Blouson, ist pensionierter Psychologe und nun Fremdenführer in Torquay. Er trifft klatschnass am Hotel ein, denn er hat seinen Schirm vergessen. Wie kann ein Engländer nur seinen Schirm vergessen?

Frank ist mir empfohlen worden, um in seiner Stadt die Spuren von Agatha Christie aufzunehmen, der – lokal wie international – *Queen of Crime*.

Das Imperial Hotel schreckt durch eine glatte, geschmacksbereinigte Fassade im Stil der 1960er Jahre ab: Nützlichkeitsarchitektur ohne Applikationen.

Drinnen präsentieren sich die Räume – sagen wir: Hallen – in Pomp und Prunk, Teppich und Stuck. Sie demonstrieren mit geblähter Brust das Ego eines weltumspannenden Imperiums.

Frank und ich stehen auf der Terrasse, auf der damals auch die junge Agatha Christie während der Regattasaison die Segler beobachtete. Später benutzte sie das Imperial Hotel als Schauplatz für einige ihrer Morde.

»Eh, ma foi, ich will nicht behaupten, dass eine Kugel, die hinter mir in der Wand einschlägt, keine Nachforschungen meinerseits auslösen würde. Schließlich bin ich auch nur ein Mensch.«

Hercule Poirot, der Mann mit dem exaktesten hochgezwirbelten Schnurrbart der Literaturgeschichte, hatte kurz vor dieser Bemerkung eigentlich verkündet, er wolle sich zur Ruhe setzen: keine Verbrecherjagden mehr, kein Ermitteln, kein Nachdenken, kein zwingend schlüssiges Arbeiten der legendären grauen Zellen. Poirot und Hastings blicken verträumt aufs Meer hinaus. Nie wieder Mord und Totschlag also, es sei denn – da muss er wohl doch noch einmal seine grauen Zellen befragt haben –, die Welt lasse es nicht zu.

»Ich musste lächeln. Ein kleiner Kieselstein war gerade eben neben uns auf der Terrasse aufgeschlagen und Poirots anschaulicher Vergleich regte meine Phantasie an.«

So denkt Hastings, der wie gesagt nicht der Hellste ist. Daher hat er auch nicht bemerkt, dass anstelle des vermeintlichen Kieselsteins eine Kugel aufgeschlagen war. Eine junge Frau namens Nick sollte getroffen werden, doch statt in ihren Körper drang die mörderische Kugel in die helle Hotelmauer. So jedenfalls scheint es.

Zu dieser Zeit war das Imperial Hotel noch eine Zierde des Imperiums. Drei hohe Stockwerke mit einem hohen, kastellgekrönten Dachgeschoss und säulenumstandenen Terrassen thronten über der Küste.

Ich bin von den Örtlichkeiten leicht verwirrt und deshalb nicht sicher, ob Christie den Tatort korrekt beschrieben hat. Meiner Meinung nach müsste die Terrasse, auf der Poirot und Hastings saßen, auf der anderen Seite des Hotels liegen, die der Stadt zugewandt ist. Frank widerspricht. In der Folge irren wir beide hin und her. Wir durchlaufen unter pompösen Lüstern den ausgedehnten Ballsaal aus jener Epoche, in der Britannien noch die Meere beherrschte, schauen nach draußen und erkunden – zum Missfallen der Sonnenbadenden – einen Balkon über der Steilküste. Nach einigen Orientierungsversuchen muss ich Frank zustimmen: Links unter uns auf der Veranda müssen Poirot und Hastings gesessen haben, Nick kam von noch weiter links, aus derselben Richtung wie der Schuss. »Sie sitzen da unten, und es sieht so aus, als käme das Geschoss vom End House, das dahinten liegt. Leuchtet das ein?«, fragt Frank, dem langsam die therapeutische Geduld des Psychologen ausgeht, was er vor seinem Ruhestand gewesen war.

Dann wird mir auch klar, dass am Ende dieser imaginären Linie, die Frank entlang der Küste zeichnet, das »Haus an der Düne« liegen muss. Schon im Roman war es alt und baufällig, mittlerweile ist es der Ortserweiterung von Torquay zum Opfer gefallen und existiert nicht mehr. Aber die Richtung stimmt.

Wir streifen durch die pompösen Räume des Hotels. »Wenn Agatha dies heute sehen würde«, sagt Frank, »würde sie das Hotel wiedererkennen. Das Hotel hat sich nicht sehr verändert, ist im Stil sehr edwardianisch, sehr opulent, ziemlich genau so wie zu ihrer Zeit.«

Ich blicke mich um. Auf einem Wandbild ist eine junge Frau zu sehen, mit einem weißen Hut und einem breiten Band, in einem kimonoähnlichen Kleid, das mit exotischen Blüten und antiken Streitwagen bedruckt ist. Man könnte zumindest in den Gewändern von Agathas Mutter Clara Miller modische Ähnlichkeiten erkennen, die ich von Fotos kenne.

Frank und ich verlassen das Hotel und gehen hinunter ins Stadtzentrum.

Im 19. Jahrhundert entwickelte sich Torquay zu einem höchst fashionablen Ziel für Reisende mit Geld und Distinktion.

Am 18. Dezember 1848 war die Bahnstation eröffnet worden, die Torquay mit dem Rest der Welt, vor allem mit London, verband. Schon zwei Jahre später krönte sich die Stadt werbewirksam zur »Königin der Orte am Wasser« und zum »englischen Montpellier«. Folgerichtig wuchs in der Zeit zwischen 1841 und 1871 die Bevölkerung alle zehn Jahre um 5.000 Neuzugänge.

Weiteren Schub bekam diese Entwicklung in den 1870er Jahren, als der neue Hafen mit Liegeplätzen für zahlreiche Yachten eingeweiht wurde. Schon zuvor waren Straßen erneuert und verbreitert worden. Torquay schob sich in den Fokus der Wohlsituierten. Der Stadt ging es zunehmend besser, wenngleich nicht alle davon profitierten. 1867 – daran erinnert Percival H. W. Almy in seinem 1910 erschienenen Reiseführer – ereignete sich der letzte einer ganzen Reihe von spontanen Aufständen, die durch den rabiat gestiegenen Brotpreis ausgelöst worden waren. Das Militär brachte zügig kein Brot, aber Ruhe in die Situation.

Schon ein Jahr später urlaubte die Königin von Holland mitsamt Gefolge zwei Wochen lang in Torquay. 1871 erholte sich Napoleon III., der zuvor gegen Bismarck den Krieg verloren hatte und von der Pariser Republik entmachtet worden war, im Imperial Hotel von seinem Schicksal. 21.675 Einwohner, die zu diesem Zeitpunkt in Torquay lebten, konnten dem erlauchten Besuch beim Promenieren zuschauen. Ex-Majestät geruhten, das Exil in der britannischen Monarchie zu ertragen, und verstarben zwei Jahre später.

Damit hatte er mehr Glück als sein gleichnamiger, aber weitaus bedeutenderer Vorfahr, ebenfalls ein Verlierer, der fast 60 Jahre vor ihm Gelegenheit gehabt hatte, die Landschaft um Torquay zu bewundern. Nach der Niederlage von Waterloo 1815 logierte Napoleon I. zwangsweise an Bord des Kriegsschiffes *Bellerophon*. Er lag nur zwei Tage vor Torquay, aber das reichte für einen großen Volksauflauf. Percival H. W. Almy schreibt, die umliegenden Gewässer seien zwei Wochen lang derart überfüllt gewesen, wie man es kaum jemals zuvor erlebt habe. Napoleon, unter strenger Bewachung an der Reling stehend, lobte angeblich die Schönheit des Panoramas, das sich vor ihm entfaltete. Er soll Torquay sogar mit Porto Ferrago auf der Insel Elba verglichen haben – wohl nur eine quälendwehmütige Erinnerung. Via Plymouth segelte Napoleon dann zu seinem letzten, weit entfernten Wohnort St. Helena. Noch einen Versuch zur Rückkehr an die Macht wollten ihm die Alliierten nicht einräumen.

Die historische Gerüchteküche dichtete im Übrigen beiden Napoleons, ungeachtet der sehr unterschiedlichen Umstände ihres Aufenthalts, eine Liebschaft an Land nebst Zeugung eines Nachkommen an – was halt der Engländer den galanten Franzosen so nachsagt. Beweise gibt es allerdings keine.

Ab den 1870er Jahren begann Torquays Aufstieg zu einem mondänen Seeort. Voraussetzung dafür war die liebliche Landschaft. Almy erwähnt Palmen und hebt subtropische Pflanzen und Bäume hervor, verweist auf 1.786,2 Sonnenstunden für das Referenzjahr 1908, betont das gute Segelrevier mit ungehindertem Wind, sicheren Ankerplätzen und der Abwesenheit von Felsen und Sandbänken. Dem mondänen Publikum empfiehlt er die jährliche Regatta im August.

1880 wurde ein Theater für 1.500 Besucher errichtet, 1890 die heute noch imposante *Princess Pier* (auf der Agatha sich später beim Rollschuhlaufen fotografieren ließ) und kurz danach auch der *Pavilion*, in dem während der Sommersaison täglich Konzerte abgehalten wurden.

Plakette am Pavilion

Almy gibt Hinweise zum Aufenthalt: »Das Klima von Torquay ist besonders für alte Menschen geeignet«. Wem diese Auskunft zu vage ist: »Von den 499 Todesfällen, die in Torquay 1906 registriert wurden, waren 231 oder 47 % Personen von 65 und mehr Jahren.« Ein Rentnerparadies.

Der Schriftsteller Rudyard Kipling, der ebenso wie sein Freund Henry James Gast in Agathas Elternhaus war, sah in dem Südküstenbadeort nur eine Ansammlung von Villen, gestutzten Hecken und dicken, alten Damen »mit Beatmungsgeräten«. Wiewohl selbst eher von steifem Naturell, entwarf er eine orgiastische Vision: »Torquay gehört zu den Orten, bei denen ich mir wünsche, sie ein wenig durcheinanderzuwirbeln, indem ich durch die Straßen tanze und dabei nichts weiter als meine Brille trage.«

Agatha erinnerte sich an ein Gespräch ihrer Mutter mit einer Freundin darüber, aus welchem Grund Kipling eigentlich seine Frau geheiratet habe. Offenbar fand sich keine einfache Erklärung.

Die hohe Aufenthaltsqualität im Rentnerparadies löste einen erstaunlichen Sog aus: In den Jahren vor dem Ersten Weltkrieg verfügte diese Region über die höchste Adelsdichte pro Quadratkilometer in Europa. Schließlich wollte in dieser Epoche ein Adeliger mit Klassenbewusstsein seine Ferien lieber nicht in einem Hotel an der französischen Riviera verbringen, wo er schon zum Frühstück Gefahr lief, von den Nachkommen republikanischer Königsmörder bedient zu werden. Wer auf sich hielt und vermögend war, frequentierte die Grandhotels von Torquay oder mietete opulente Häuser. England bot eine mediterran erscheinende Küste, an welcher sich internationaler

Adel unter seinesgleichen huldvoll in der Sonne amüsieren konnte, behütet und beschirmt von der mütterlich-resoluten Queen Victoria, der ein ganzes Empire zu Befehl stand.

Notgedrungen holte sich die Nobilität den Champagner von dort, wo wiederum ihre englischen Vermieter preiswert ihre Ferien verbrachten – aus Frankreich. Denn es war für die Einheimischen ein lukratives Geschäft, in der Saison an die französische Riviera zu ziehen und die eigene Bleibe dem europäischen *Noble-set* zu überlassen. Auch Ashfield, Agathas geliebtes Kindheitshaus, wurde mehrmals aus diesen Gründen vermietet.

Das sonnige Leben der englischen Mittelklasse, die nie richtig viel Geld gehabt hatte, aber trotzdem die Gewohnheit kultivierte, mit zahlreichen Hausangestellten zu leben, wurde während des Ersten Weltkriegs und in den wirtschaftlich harten Jahren danach verschattet. Denn nachdem die Männer in den Krieg beordert worden waren, begannen die ehedem billigen Haushaltshilfen in Fabriken zu arbeiten und die relativen Freiheiten des industriellen Arbeitslebens kennenzulernen. Ihre Lebensqualität verbesserte sich dank des höheren Lohns und der geregelten Freizeit, und sie waren nun nicht mehr gewillt, unter der Fuchtel einer launischen Hausherrin zu dienen.

Die politische Ära des europäischen Adels neigte sich – nach der russischen Oktoberrevolution und den Umwälzungen im deutschen Kaiserreich – dem Ende zu. Grafen, Barone und ihresgleichen blieben der Englischen Riviera fortan fern.

Die Welt, in der Agatha Christie aufgewachsen war, schlug neue Bahnen ein.

AGATHA CHRISTIES VATER

Am 15. September 1890 war Agatha Mary Clarissa Miller in Torquay geboren worden, die – nach ihrer Heirat mit Archibald Christie – zu Agatha Christie werden sollte.

Ihr Vater Frederick Miller entstammte einer reichen New Yorker Familie. Das Leben in der Gesellschaft war das Zentrum seiner Existenz. In seinen Kreisen traf man sich häufig zum Essen oder zum Trinken, besuchte einander in großen Häusern oder ging gemeinsam zum Pferderennen. In einem der damals populären Fragebögen (*Confessions*), in denen man ein Bild von sich entwarf, notierte Frederick zur Frage nach seiner Lieblingsbeschäftigung: »Nichts tun«. Und auf die Frage nach seinem wesentlichen Charakterzug antwortete er lakonisch: »Ebenso«. Da war er gerade einmal um die Zwanzig und hatte seine Lebensmitte schon gefunden.

Frederick hätte es wegen seines Vermögens und seiner Verwandtschaft in den USA geschätzt, auf seiner Seite des Atlantiks zu leben. Während er in den USA den Umzug der Familie nach New York vorbereitete, lebten seine Gattin Clara und ihre erste Tochter Margaret, genannt Madge, im Wartestand in Torquay. Es war beschlossen worden, bis zur endgültigen Übersiedlung in die Vereinigten Staaten hier ein Haus für die Übergangszeit zu mieten. Clara machte sich auf die Suche, besichtigte Dutzende Immobilien und fand am Ende eine, die ihr auf Anhieb gefiel: Ashfield in der Barton Hill Road. Clara hatte eigenes Geld und fällte eigene

Entschlüsse. Der Umzug in die USA hatte sich damit erledigt. Fred musste sich fügen. Und er tat es gern.

Ashfield war eine Villa am Rande von Torquay. Von hier wanden sich Straßen und Pfade in die sanfte, hügelige Landschaft von Devon. Zweigeschossig, mit einer Vielzahl von Schornsteinen und großen Fenstern, etliche davon mit farbigen Gläsern, öffnete sich das Haus der Millers in einen ausgedehnten Garten. Agatha erinnerte sich an einen Gemüsegarten, welcher der Bewirtschaftung der Küche diente, die häufig große Dinnerpartys auszurichten hatte. Dann gab es einen »eigentlichen Garten« mit einer großen, baumbestandenen Rasenfläche. Daran schloss sich noch ein kleines Wäldchen an mit Gebüsch, Gestrüpp, verschlungenen Pfaden und vielen Anregungen für ein kleines Mädchen, sich geheimnisvolle Dinge auszudenken. Agatha schrieb, ein Segen habe auf diesem Haus gelegen. In Ashfield verlebte sie eine glückliche Kindheit, weshalb sie nie aufhörte, diesen Ort zu lieben. Kein Wunder, dass vieles von dem, was ihr in Ashfield gefallen hatte, sich in ihrem eigenen späteren »Idealhaus« Greenway House wiederfand, in einem deutlich größeren Maßstab. Verschiedenes Mobiliar aus Ashfield ging mit nach Greenway House, beispielsweise zwei bestickte, bespannte Rahmen, die rechts und links vom Kamin aufgestellt wurden – zu welchem Zweck auch immer.

Von Personal umsorgt zu werden, war, neben einem großzügigen Heim und Garten, eine weitere frühkindliche Impression, die eine bleibende Prägung hinterließ. Agatha fand es zeitlebens angemessen, Angestellte in Haus und Büro zu beschäftigen.

In Agathas Geburtsurkunde wurde als Beruf des Vaters eingetragen: »Gentleman«. Genauso inszenierte

Frederick Miller sein Leben. Letztlich hatte er wohl doch nicht allzu sehr an der Idee gehangen, in die USA zurückzukehren. Ein Herrenleben ohne Arbeit, aber mit festem Einkommen, in der Sonne der englischen Riviera, erschien ihm ebenfalls einigermaßen verlockend.

Vom Rande der Stadt zog es Frederick täglich ins Zentrum, in den Yachtclub am Hafen von Torquay.

Royal Torbay Yacht Club

Der Club liegt noch immer dort, vom Meer getrennt nur durch eine Straße und einen kleinen Zoo mit Meerestieren. Das zweigeschossige Haus prunkt mit einer strahlend weißen Fassade und einem Eingang, der wie ein griechisches Tempelportal gebaut ist. Das große Fenster in der ersten Etage mit einem weiten Blick auf das offene Meer beherrscht die Front des Clubhauses. Ein dreibeiniges Stativ mit langem Fernrohr im Admiralsformat erlaubt Fernblicke.

Morgens schritt Frederick, ein Mann von stattlicher Statur mit weißem Vollbart, zu seinem Club. Mittags ließ er sich von einer Kutsche zum Essen nach Hause fahren. Nach beendeter Mahlzeit kehrte er in den Club zurück. Abends schlenderte er heim, um sich rechtzeitig zum Diner umkleiden zu können – so schildert es Agatha. Dazwischen: Müßiggang, Zeitung lesen, Karten spielen.

Nigel Wollen, der in dem heutigen Club den Rang des Admirals bekleidet, erzählt, dass zu den Zeiten, als Agathas Vater Mitglied war, das Haus am Hafen ein *Gentlemen's Club* war. Nigels Großvater war der Anwalt von Agathas Vater, er sollte sich schon aus seiner eigenen Familiengeschichte heraus in Club-Angelegenheiten gut auskennen. Für die Frauen, die man damals nicht mehr ignorieren konnte, gab es einen separaten Treppenaufgang. Auch waren sie nicht in allen Räumen zugelassen. Die Gentlemen hatten geregelt, dass sie unter sich blieben. Die *Gentlemen of leisure*, wie die Gattungsbezeichnung lautet, also die »Herren, die für die Freizeit leben«, trafen sich zu Whist und Wohlbefinden. Natürlich war das Segeln auf Yachten der eigentliche Sinn und Zweck des Vereins, aber Admiral Nigel Wollen kann von keiner »Aktivität dieser Natur« berichten, an der Agathas Vater teilgenommen hätte.

»An ruhigen Abenden pflegte sie Vater mit ungeduldigem Verlangen über Neuigkeiten aus der Stadt zu befragen«, schrieb Agatha in ihren Memoiren über ihre Mutter, »und was sich heute im Club ereignet hatte. ›Nichts‹, antwortete Vater mit heiterer Miene. ›Aber Fred, irgendwer muss doch irgendetwas Interessantes gesagt haben!‹ Vater zerbricht sich den Kopf, um ihr gefällig zu sein, aber es fällt ihm nichts ein.«

Frederick Miller, im sanften *Small talk* mit einigen seiner Clubkameraden, blickte nach rechts in Richtung Hafen, nach links über die Küste. Es mochte sein, dass einer seiner Mit-Müßiggänger am großen Panoramafenster stand und ebenfalls wie ein Wachposten in die Ferne starrte. Sie wären die Ersten gewesen, denen aufgefallen wäre, wenn erneut eine Flotte die Küsten Britanniens bedroht hätte wie 1588 die Armada des spanischen Königs, die nahe Torquay glorreich in die Flucht geschlagen worden war.

War die See also frei von Feinden und/oder Katholiken, mochte der müßige Wachposten das Fernglas gelangweilt und wie zufällig nach leicht links unten gleiten lassen.

Agatha erzählt: »Das Haus des Torbay Yacht Clubs stand auf der Beacon Terrace genau oberhalb des Damenbadeplatzes... und wie mein Vater berichtete, verbrachten nicht wenige Herren ihre Zeit damit, mit Ferngläsern den Anblick weiblicher Gestalten zu genießen, von denen sie fälschlicherweise annahmen, sie in einem Zustand von Nahezu-Nacktheit bewundern zu können. Ich kann mir allerdings nicht vorstellen, dass wir in diesen formlosen Kleidungsstücken besonders viel Sex-Appeal ausstrahlten!«

Man liest und ist verblüfft, wie an der Spitze der gesellschaftlichen Pyramide der weltweit legendäre englische Gentleman mehr oder weniger hirntot seine Zeit verbrachte. Fred war nach Ansicht seiner Zeitgenossen und seiner Tochter ein offenbar sehr sympathischer, unaufgeregter, spendabler, bestens gelaunter Zeitgenosse, der auch gern in Amateurtheaterstücken auftrat. Ein Mann, mit dem man gut nichts tun konnte. Doch kurz nach der Jahrhundertwende versagte die Ökonomie. Ein Großteil seines Vermögens ging verloren. Ohne Geld, ohne Arbeit, ja vermutlich selbst ohne Idee, wie eine Arbeit überhaupt aussehen könnte, verzagte Fred am Leben. Im Alter von 55 Jahren (Agatha war gerade erst elf) verstarb er. Was blieb, war ein kleines Zubrot aus Amerika für seine Witwe und die Waisen.

DER PAVILION

Der Hafen von Torquay besteht aus zwei Becken. Abgesehen von den Bootstouren in die nähere Umgebung, zu denen meist Touristen antreten, macht Torquay Harbour keinen arbeitsamen Eindruck. Stattdessen liegen zu Dutzenden Segel- und Motorjachten ruhig im Wasser. Weiß lackiert strahlen sie, wenn das Sonnenlicht sich mit den Reflektionen des feuchten Sands und dem Glitzern

Hafen in Torquay

der kabbeligen Hafenwellen mischt. Dann entfaltet die Freizeitflottille ihr stimmungsvollstes Leuchten.

Zu den Stadtmöbeln, mit denen das viktorianische Empire patriotische Architektur inszenierte, gehört in Torquay eine große, lange Halle mit kathedralenartigen Fenstern an den Stirnseiten: der *Pavilion*. Die Wände leuchten seebadweiß, und grün-kupferne Kuppeln zieren die prominenten Eckpunkte des Gebäudes.

Pavilion

Frank, nunmehr mit einem Schirm versehen, erklärt, man habe die Konzerthalle 1912 eröffnet, um wieder mehr Touristen nach Torquay zu locken. Es sei geklagt worden, Torquay würde Jahr für Jahr »öder und öder«, und es müsse etwas getan werden, um gegenzusteuern. So sei man auf die Idee eines Pavilions verfallen, und man krönte ihn untertanenstolz mit einer lebensgroßen Statue der »Britannia«.

Viele berühmte Dirigenten hätten hier dirigiert, wie zum Beispiel Edward Elgar. Dessen berühmtesten Marsch *Land of Hope and Glory* hatte sich Queen Victorias ältester Sohn zu seinen Krönungsfeierlichkeiten bestellt, als er 1901 »König des Vereinigten Königreichs von Großbritannien und Irland« und »Kaiser von Indien« wurde. Das war jenes Jahr, in dem Frederick Miller pleiteging.

1914, erzählt Frank weiter, kam die junge, adrette Agatha Miller zu einem Wagnerkonzert in den Pavilion. Zwei Jahre zuvor hatte sie einen jungen Mann namens Archibald Christie kennengelernt. Christie war Offizier in der jungen Fliegertruppe, die nicht einmal einen richtigen Namen hatte. Fliegen war schick und avantgardistisch in diesen Tagen – etwas für die Mutigen, die über ein kaum zu rechtfertigendes Vertrauen in die moderne Technik verfügten, oder für die, die nicht sehr am Leben hingen. Agatha gehörte zur ersten Kategorie: 1911 buchte sie einen fünfminütigen Rundflug über Torquay – und genoss ihn. Später wurde sie Reiterin, stand als eine der ersten Frauen in Australien auf einem Surfbrett, spielte Golf und Tennis: Sie war in manchen Phasen ihres Lebens eine sehr sportliche Frau. Golf dagegen lernte sie hassen – das hatte mit Archie Christie zu tun.

Für den Piloten Archie war die Fliegerei eine ernste Sache. Als 1914 der Erste Weltkrieg ausbrach, stand zu erwarten, dass er in Kampfhandlungen verwickelt werden würde. Die Frage nach einer gesellschaftlich anerkannten Verbindung wurde drängend. Agathas Mutter sprach sich aber strikt gegen eine Ehe mit Archie aus, denn sie fürchtete, von seiner Seite wenig Geld erwarten zu können. Agatha und Archie entschieden über ihre Zukunft indes emotionaler. Nach dem besagten Wagnerkonzert im Pavilion machte Archie ihr einen Heiratsantrag.

In der jüngeren Geschichte ereilte den Pavilion das Schicksal vieler Markthallen, Konzerthallen und Ballsäle: Der imposante Raum wurde zerstückelt in kleine Kojen, in denen Touristenkrimskrams, Artikel traditioneller chinesischer Heilkunst oder besonders originelle Einkaufstaschen verkauft wurden, auf die drollige Boxerhunde aufgedruckt waren. Welch ein Niedergang, welch ein Absturz von der viktorianischen Größe eines jahrhundertealten Weltreichs in die zeitgenössische Beliebigkeit von Allerweltsgedöns!

Mittlerweile steht die große Halle leer, ist mit Brettern vernagelt und wartet auf eine Neuerfindung. Der bislang kühnste Vorschlag sieht ein Hotel vor, in dessen untere Geschosse der Pavilion eingegliedert werden soll.

Neben dem Pavilion steht in einer kleinen Gartenanlage ein Springbrunnen. Im grünen Rasen, umstanden von zierlichen Pälmchen, erhebt sich eine Säule mit weiteren, kleineren Becken. Die Säule und die Schüsseln sowie die dazugehörigen Applikationen sind teils in hellem Babyblau, teils in dunklerem Schwimmbadblau kräftig angemalt. Die Figürchen, Putten auf allegorischen Walen mit Kulleraugen, darüber wasserspendende Pelikane und zuoberst ein fröhlich-dickliches Kerlchen, sind in Gold gehalten. Das Ensemble erinnert eher an die Ästhetik bunter Hindutempel als an die Imponierarchitektur eines Imperiums. »Sic transit gloria mundi« scheint der Brunnen zu sagen.

Brunnen in Torquay

HEIRAT MIT ARCHIE

1914 diente Archie Christie in Frankreich beim Royal Flying Corps. Kurz vor Weihnachten bekam er Urlaub und stellte Agatha seiner Mutter vor, dann machte er ihr einen Heiratsantrag, und sie nahm an. Sie heirateten mit einer Sondergenehmigung, assistiert von zwei Zeugen, die sie von der Straße geholt hatten. Recht formlos war ihnen der Übergang vom Single-Dasein zum Ehe-Status geglückt.

Diese Heirat im Stil eines Kommando-Unternehmens hatte allerdings eine um Jahre zurückreichende Vorgeschichte. Agatha Miller hatte damals – um in die Gesellschaft eingeführt zu werden – drei Monate in Kairo verbracht. Die ägyptische Exklave war auf der sozialen Seite nahezu vollgültig »Königreich Großbritannien«, auf der Ausgabenseite aber Entwicklungsland. Daher waren die gesellschaftlichen Riten, die es brauchte, um in die gehobene Gesellschaft einlaufen zu dürfen, in Kairo billiger abzuwickeln als in England. Und es zeigte sich auf den Bällen (fünf pro Woche) und Empfängen an den Ufern des Nil, dass Agatha eine umschwärmte, attraktive junge Dame war.

Zurück in England hatte sich um die Jahre 1911/12 ein junger Mann namens Wilfred Pirie in Agatha verliebt, was zunächst auch von ihr erwidert wurde. Wilfred kam aus gutem Hause, diente auf einem U-Boot, das häufig vor Torquay vor Anker lag, und machte insgesamt einen vielversprechenden Eindruck in den Kategorien Heiratsfähigkeit, Lebensunterhaltssicherheit und – tödlicher Langeweile. Er interessierte sich wahllos für alles Mögliche und vor allem für Spiritualismus.

Agatha interessierte sich nicht für alles Mögliche und schon gar nicht für Spiritualismus. Dem beunruhigenden Gefühl, sie sei verpflichtet, dem lang Bekannten in die Ehe zu folgen, entkam sie, als der perspektivische Gatte um einen wissenschaftlich begründeten Aufschub bat: Pirie hatte die Chance bekommen, an einer Expedition teilzunehmen, die in Amerika alte Inka-Städte zu entdecken hoffte – Schätze zu finden war damals in Mode, in der Literatur und in der Realität. Agatha schien es nicht richtig, sich Piries Forscherdrang entgegenzustellen, und verzichtete auf die sofortige Eheschließung. Mithin schwelgte sie in dem erleichterten Gefühl, noch einmal davongekommen zu sein.

Ex-Ehegattenaspirant Wilfred Pirie kehrte zwar lebend von seiner Expedition zurück, zog es aber ebenfalls vor, eine andere Frau zu heiraten, bekam dann mit ihr sechs Kinder und absolvierte eine beeindruckende Karriere in der Royal Navy. Agatha will in ihrer Autobiographie nicht ausschließen, dass auch er ganz glücklich über ihre Nicht-Heirat war.

Nach Wilfred Pirie hätte Agatha gewarnt sein müssen vor Männern mit Neigung zu Abenteuern. Aber sie hatte ihren eigenen Kopf. Sie heiratete in hektischer Eile, aber niveauvoll im Grand Hotel. Das Grand Hotel, ein weiteres der großen Traditionshäuser an der Torbay, ist auch heute noch auf Hochzeiten spezialisiert. Die Angebote reichen von 2.500 Pfund als *Summer special* bis zu 5.250 Pfund in der Platin-Klasse, die Auslagen für den Rolls Royce und den Standesbeamten kommen noch dazu.

Frank und mir reicht ein Fünf-Uhr-Tee im Salon. Dessen Fensterfront ist zur Bucht geöffnet und gestattet einen weiten Blick über das Meer. Frank erzählt: »Archie hat das Grand Hotel angerufen und ein Zimmer gebucht. Sie trafen am Heiligabend um Mitternacht ein. Am nächsten Morgen fuhren sie zu Agathas Elternhaus, und da erfuhr ihre Mutter, dass die Tochter jetzt Frau Christie war und nicht mehr Fräulein Miller. Sie war nicht sehr erfreut, aber ihre Schwester beruhigte die Gemüter wieder.« Das Grand Hotel bietet bis heute eine Agatha-Christie-Suite an, prachtvoll und opulent ausgestattet.

Hotels haben ihre Geschichten – mörderische Geschichten bisweilen. Frank Turner muss eine davon loswerden: »Vor einigen Jahren hat hier ein junger indischer Gentleman ein Zimmer genommen, bar im Voraus bezahlt und eine Mahlzeit auf sein Zimmer bestellt. Am nächsten Morgen fand man ihn auf seinem Bett, nackt und tot. Alle Versuche herauszufinden, wer er war, führten ins Nichts. Er wurde dann in einem Armengrab bestattet, und einige mitleidige Leute aus dem Ort gaben ihm das letzte Geleit. Man vermutete, dass er ein Tamil Tiger aus Sri Lanka sei, aber man fand eben nie heraus, wer er war und warum er starb.« Wir sinnieren beide über den geheimnisvollen Toten, dann sagt Frank: »Das wäre doch etwas für Hercule Poirot gewesen! Ich bin sicher, er wäre ganz scharf darauf gewesen, den Fall zu lösen. Die Todesursache war übrigens Gift, und das wiederum hätte Agatha gefallen.«

DIE SCHREIBENDE APOTHEKENHELFERIN

Kurz nach seiner Heirat zog Archie in den Krieg. Er überstand mehrere Luftkämpfe. Doch wegen Problemen mit seinen Stirnhöhlen vertrug er den Druck beim Steigflug immer schlechter. Archie musste das Fliegen aufgeben. Als der Krieg begann, meldete sich Agatha wiederum beim VAD, dem Voluntary Aid Detachment, zur Arbeit im Lazarett, das im Rathaus eingerichtet worden war. Von der Front kamen ständig verwundete Soldaten, die versorgt werden mussten. Agatha begann mit Reinigungsarbeiten, war dann als Krankenschwester tätig, bis sie schließlich in die Apotheke des Hospitals versetzt und zur Apothekenhelferin ausgebildet wurde.

Das Hospital ist heute ein Wohnblock in der Union Street, der unter dem Schutz der Privatsphäre steht. Aber noch immer sieht man dem Haus mit seiner granitgrauen Fassade, den schmalen, hohen, oft neogotischen Spitzfenstern, steilen Dächern und unzähligen Giebeln, Schornsteinen und Türmchen an, dass sein Bauplan von einer sinisteren Gestalt ersonnen wurde. Selbst bei blendendem Sonnenschein wirkt es wie von einer transsilvanischen Düsternis überzogen, nicht eben der Ort, an dem man glaubt, gesund werden zu können.

Hier lernte Agatha, mit Giften zu hantieren. Medikamente wurden seinerzeit noch von Hand gefertigt. Dazu brauchte es eine gute Anleitung und Wachsamkeit. Agatha beschreibt in ihrer Autobiografie, wie risikoreich etwa der Übergang vom englischen zum metrischen

Zahlensystem war. Ein Fehler im metrischen System verzehnfachte die Menge der Beimischung und verlieh unter Umständen einem heilenden Stoff die tödliche Potenz. Leser schätzen, dass die Hälfte aller Christie-Krimis mit Gift zu tun haben – im Hospital hat sie den Umgang mit potentiellen Giften gelernt.

Agatha empfand ihre Arbeit als Apothekenhelfe-rin im düsteren Hospital dennoch als einigermaßen trostlos. Dadurch fand sie aber ausreichend Zeit, ei-nen ersten Roman zu verfassen. Agatha hatte mit dem Schreiben begonnen, während sie als junges Mädchen in Ashfield krank im Bett lag. Weil ihr schrecklich lang-weilig war, schlug ihre Mutter vor, sie solle doch eine Geschichte erfinden. Und tatsächlich fing Agatha an, sich Figuren und Ereignisse auszudenken. Auch ihre ältere Schwester Margaret, genannt Madge, arbeitete schon als junges Mädchen an eigenen Texten, schlug später sogar eine Laufbahn als Bühnenschriftstellerin ein, die sie einige Zeit recht erfolgreich verfolgte.

Agathas Produktion nahm schnell Fahrt auf. Ihre Geschichten wurden auf Madges Maschine abgetippt und an Zeitschriften verschickt. Abgesehen von der Tatsache, dass sie zunächst nicht gedruckt wurden, hatte Agatha einen schönen Zeitvertreib für sich ent-deckt, ähnlich wie das Sticken von Sofakissen.

Ihre Schwester Madge forderte sie indes mit der Behauptung heraus, Agatha könne keine gute Detek-tivgeschichte schreiben. Agatha antwortete mit *The Mysterious Affair at Styles* – »Das fehlende Glied in der Kette«. Hercule Poirot betritt hier zum ersten Mal eine Bühne, die er nicht mehr verlassen wird. Es gilt als weitgehend gesichert, dass Agatha die Züge dieser Fi-gur einem der belgischen Kriegsflüchtlinge entliehen hat, die vor den wilhelminischen »Hunnen« nach Torquay geflohen waren. Irgendeine Zufallsbegegnung hatte also die entscheidenden Parameter geliefert.

Agatha hatte sich bei ihrem Erstling zudem an den Modellen der zeitgenössischen Kriminalliteratur orientiert: Captain Hastings erzählt als Ich-Erzähler von den Glanztaten des bewunderten Hercule Poirot genauso, wie der ehemalige Militärarzt Dr. Watson von denen seines Helden Sherlock Holmes berichtet – leicht erkennbar ist die Imitation des erfolgreichen Musters Arthur Conan Doyles. In beiden Paarungen verbinden sich Spatzenhirn und Spitzenhirn in wechselseitiger Freundschaft und Abhängigkeit. Auch in ihrer selbstgefälligen Arroganz sind sich die beiden Superhelden ebenbürtig.

Ein Freund der Familie, selbst Schriftsteller von einigem Renommee, begann ihr Schreiben gewissenhaft zu kritisieren und in langen, ausführlichen Briefen die heranwachsende Kollegin mit fachlichen Ratschlägen zu versorgen. Ihm, Eden Philpotts, widmete sie schließlich *Peril At End House* – »Das Haus an der Düne«.

Agatha Christie bemerkte später über ihre schriftstellerischen Anfänge inmitten des tobenden Ersten Weltkriegs, beim Schreiben von Detektivgeschichten sei es ihr nicht darum gegangen, über Verbrechen nachzudenken oder einen Täter an den Pranger zu stellen. Sie habe sich vielmehr für die Jagd interessiert, die in jeder Detektivgeschichte stecke. Und natürlich habe es auch eine Moral gegeben: Der Böse war böse, und das Opfer erfreute sich der Sympathie. Etwas giftig beendete sie in ihrer Autobiografie ihre Überlegungen mit dem Bekenntnis:»Damals aalten wir uns noch nicht in psychologischen Erklärungen.« Offenbar hielt sie das für eine Marotte moderner Zeiten, an der sie sich nicht beteiligen mochte.

Der Roman, der ihre Karriere eröffnete, wurde 1916 geschrieben, spielte im Jahr 1917 und blieb vier Jahre unpubliziert, bis er im Januar 1921 bei Bodley Head veröffentlicht wurde, nachdem er im Oktober des Vorjahres in den USA herausgekommen war. Neben allerlei anderem Handwerk, das sie sich bei der Arbeit an *Mysterious Affair at Styles* (»Das fehlende Glied in der Kette«) aneignete, lernte sie auch, dass zum Autorendasein eine gewisse Hartnäckigkeit und Frustrationstoleranz im Umgang mit Verlagen gehört. Bodley Head hatte, nachdem er sich nach 48 Monaten zur Veröffentlichung entschlossen hatte, die Newcomerin gleich für weitere fünf Romane unter Vertrag genommen. Zu den Vertragskonditionen gehörte, dass erst ab einer Auflage von 2.000 Exemplaren der Autorin eine 10-prozentige Tantieme zustand.

Vor diesem Hintergrund urteilte der Christie-Spezialist John Curran, ihr Verlag habe sie abgezockt. Immerhin: Curran bestätigt Agatha sowohl als Autorin wie als Verhandlungspartnerin eine steile Lernkurve. Als sie starb, waren ihre Bücher in zig Sprachen millionenfach gedruckt worden. Und vor allem hatten sich die Konditionen verbessert.

Diese Karriere war also entstanden aus der langweiligen Krankheit eines jungen Mädchens. Folgt man einer beliebten Theorie der Literaturwissenschaft, dann entsteht Literatur durch Leiden an der Welt. Im Fall von Agatha Christie kann man diese These bestätigt finden – allerdings in ihrer Schrumpfversion, denn Agathas Krankheit war marginal, die Qual gering.

Die Geschwister Madge und Monty

Agatha hatte eine Schwester und einen Bruder. Alle drei wuchsen sehr unterschiedlich heran, aber keiner von ihnen sah seine Perspektive in einer bürgerlichen Karriere wie etwa der Verwaltung oder dem Schuldienst, auch wenn sie sich, anders als ihr Vater, dem Zwang zum Broterwerb nicht entziehen konnten. Jedes der Geschwister hatte seine eigene Art, seine Biografie zu gestalten.

Agatha Christie schreibt in ihrer Autobiografie mit einem leichten Seufzer im Unterton, dass es wohl in jeder Familie einen gebe, der »eine Quelle des Überdrusses und der Sorge« sei. In der Familie Miller war dies ihr zehn Jahre älterer Bruder Monty, den sie gleichwohl liebte und sehr unterstützte.

Monty war zu nichts zu gebrauchen. Er war zwar ein passabler Handwerker, aber ohne Ehrgeiz, Ausdauer und Arbeitslust. Was er in Angriff nahm, misslang. Von seinem Vater schien er das Desinteresse an Geld geerbt zu haben. Es war ihm egal, woher es kam, und er verließ sich darauf, dass es ihm stets zufließen würde.

Wie zum Ausgleich für all seine Mängel war er gesegnet mit einem natürlichen Charme und feinen Manieren, wodurch er es mit Leichtigkeit schaffte, Menschen für sich zu begeistern und in ihnen den Wunsch zu wecken, ihm einen Gefallen zu tun. Oder ihm Geld zu leihen. Oder sich in ihn zu verlieben. Vorzugsweise alles gleichzeitig. Er war ein Charakter wie aus einer Komödie.

Während Monty damit beschäftigt war, es im Erwerbsleben zu nichts zu bringen, brach 1899 im südlichen Afrika der Burenkrieg aus. Wie viele seiner Altersgenossen meldete sich Monty zu den Waffen, um dem bedrohten Empire zu neuer Glorie zu verhelfen und sich selbst aus der Langeweile des Alltags zu befreien. Die Familie war erleichtert: Vielleicht würde sich für den »Quell des Überdrusses« ja die Chance auf eine Karriere in der Armee eröffnen.

Allerdings entwickelte sich der Krieg anders als erwartet. Die Buren erwiesen sich als starke Gegner, die Führung des britischen Expeditionsheeres hingegen als ausgesprochen inkompetent. Das Empire obsiegte, aber seine Verluste waren hoch. Monty jedoch überstand den Krieg heil und blieb in Afrika, wo er sich fortan als Großwildjäger und lässiger Taugenichts durchs Leben schlug.

Im nächsten Krieg, 1914, meldete er sich in Afrika erneut zur Armee und wurde mehrfach verwundet. Eine Wunde wurde offenbar nicht richtig gereinigt und entzündete sich. Monty kam zu einem längeren Genesungsaufenthalt zu seiner Familie zurück an die englische Riviera. Das *Enfant terrible* führte sich in gewohnter Weise nonchalant-unverschämt auf. Er empfand es als ganz und gar normal, sich von den Dienstboten morgens um vier Schnitzel und Steaks zubereiten zu lassen. Dann begann er jedoch, der Langeweile seiner Rekonvaleszenz etwas Würze zu verleihen, indem er Passanten auf der Straße als Zielscheiben für seine Pistolenübungen nutzte. »Knapp vorbei« war für die Betroffenen immer noch erschreckend nah genug. Es gab einigen Ärger mit der Polizei, was Monty aber nicht weiter beeindruckte.

Seine Schwestern waren glücklich, als sie für ihn ein Häuschen mit Dienstboten erwerben konnten – weit weg in den Tiefen des Dartmoor, irgendwo dort, wo nach Arthur Conan Doyle der Hund der Baskervilles jaulte.

Monty schaffte es geheimnisvollerweise, sich hier nicht völlig unmöglich zu machen. Allmählich besserte sich sein Zustand. Er reiste zu seiner, wie man hoffte, vollständigen Genesung in das milde Klima Südfrankreichs, wo er erneut eine junge Frau fand, die sich in ihn verliebte und ihn pflegte. Trotz alledem verstarb er nach kurzer Zeit – stilsicher bei einem Besuch im Café.

Jahre später traf Agatha Christie einen Offizier jener afrikanischen Einheit, bei der Monty gedient hatte. Der Mann berichtete ihr, dass das Kommando Monty die Führung einer Maultierkolonne übertragen habe. Man kann sich ausmalen, wie sich die Offiziere glücklich schätzten, dass sie zwei Spezies von natürlicher Dickschädeligkeit zum Nutzen des Empire zusammenspannen konnten. Beide kamen in der Tat auch bestens miteinander aus. Was seinen Vorgesetzten mit ihm nie gelungen war.

Auf einem Marsch erklärte Monty zu einem von ihm gewählten Zeitpunkt, dass seine Maultiere nun ausruhen müssten und dass dies im Übrigen ein guter Platz sei, um die deutschen Kolonialtruppen anzugreifen. Montys Kommandeur war entschieden anderer Ansicht. Monty aber weigerte sich, weiterzumarschieren. Auch die Drohung mit einem Kriegsgerichtsverfahren beeindruckte ihn nicht. Während der Maultiertreiber starrsinnig am selben Fleck verharrte, rückten Kräfte der deutschen »Schutztruppe« näher. Ein Zusammenstoß wurde unvermeidlich. Der Kampf musste eröffnet werden, der Sieg wurde glorreich errungen. Vom Kriegsgericht war danach nicht mehr die Rede. Das Gefecht ging als »Millers Schlacht« in die Geschichte des afrikanischen Kriegsschauplatzes ein.

Abgesehen von der Anspannung in der Beziehung zu ihrem großen Bruder, mit dem sie insgesamt nur kurze Zeit zusammengelebt hatte, wird Agatha vor allem das Besondere in Montys Lebensweg gesehen haben. Er war ein interessanter, vielschichtiger Charakter mit guten Anlagen und wenig Können. Er war liebenswürdig und nervtötend, ein Egozentriker, Frauenheld, großspuriger Schnorrer – aber auch, wenn Ort, Zeit und Gelegenheit es erlaubten, ein strahlender Sieger. Die Schriftstellerin in ihr wird diesen cleveren, überraschenden »Dreh« in Figur und Handlung geliebt haben.

Ihre Schwester Madge hingegen bleibt in der biografischen Literatur zu Agatha Christie ein wenig blass. Madge heiratete komfortabel, zog fort und führte ein unauffälliges Landleben an der Seite eines gutverdienenden Ehemannes. Außerdem machte sie sich nützlich, indem sie Rosalind, die Tochter von Agatha und Archie Christie, immer wieder bei sich aufnahm, wenn Mutter auf Reisen ging.

TORRE ABBEY GARDENS

An der Riviera stürmt es. Wind und Wellen drücken in die Torbay. Es regnet in kraftvollen Güssen. Der Trenchcoat muss her.

Agatha hatte in ihrer Zeit als Apothekenhelferin den Umgang mit Heilmitteln und Giften kennen- und lieben gelernt. Dieser Umstand führt mich zu den *Torre Abbey Gardens*. Er liegt ein wenig oberhalb der sturmumtosten Küstenstraße.

Torquay ist entstanden aus der Abtei »Torre Abbey« (oder Tor Abbey in einer älteren Schreibweise), wobei *tor* ein altes Wort für Hügel ist. Torre Abbey wurde 1196 von sechs Prämonstratensern gegründet. Zum Grundgedanken des Ordens gehörte es, dass die Brüder nicht nur beten und ein reines Leben führen sollten, sondern auch für die Gemeinschaft arbeiten. So beackerten sie den Boden und legten außerdem die Grundlagen für eine Wollindustrie, die sich nach und nach zu den bedeutendsten Gewerken im westlichen England entwickelte. Infolgedessen gehörte Torre Abbey zeitweise zu den reichsten Abteien ganz Englands.

Im 16. Jahrhundert wurde die Abtei säkularisiert und in der Folge von einem Besitzer zum nächsten weitergereicht, dabei des Öfteren umgebaut. Jahrhundertelang diente sie dann der wohlhabenden Eigentümerfamilie Cary als Wohnsitz. In der Weltwirtschaftskrise ging dieser Familie, die über sechs Generationen hinweg das Haus gehalten hatte, allerdings das Geld aus. 1930 wurde die Abtei an die Stadt verkauft. Seitdem – und nach einer millionenschweren Sanierung –

fungiert sie als Kunstmuseum. Das Kulturensemble besteht aus zwei Gebäuden: der eigentlichen Abbey und einer Art Lagerhalle, die so genannte *Spanish barn*.

1588 hatten sich die Spanier in ihre katholischen Köpfe gesetzt, das England der anglikanischen Elisabeth I. zu erobern, um die Konkurrenz auf den Weltmeeren auszuschalten. Den Spaniern war klar, dass ihre Marine schlecht gerüstet war. Außerdem war ihr Oberbefehlshaber ein Bürokrat, der sich lieber auf festem Boden aufhielt, weil ihm auf See schnell schlecht wurde. Doch trotz solcher Hindernisse hatte der spanische König den Angriff befohlen, im Vertrauen auf Gott, was sich nicht als tragendes Fundament erwies.

Dicht vor Torquay hatte der Vizeadmiral Sir Francis Drake beobachtet, wie die *Nuestra Senora del Rosario* bei einer Kollision mit einem anderen spanischen Schiff schwer beschädigt worden war. In der folgenden Nacht ließ er befehlswidrig die Lichter seines Schiffes löschen, näherte sich unbemerkt der *Nuestra Senora* und konnte sie ohne Widerstand aufbringen. Dabei fiel ihm ein Teil der spanischen Kriegskasse in die Hände, von der wiederum ein gewisser Prozentsatz in seine private Tasche floss. Dass sein Überfall ganz und gar ohne Absprache durchgeführt worden war, wurde wegen des Erfolgs wohlwollend übersehen.

Nahezu 400 Gefangene wurden danach in der Spanish barn gefangen gehalten. Die Barn sieht allerdings nicht so aus, als hätten es dort auch nur dreißig Leute bequem. Es gibt viele Gerüchte über zahllose spanische Tote und Massengräber. Tatsache ist aber wohl, dass die meisten ihre Gefangenschaft überlebten und gegen Lösegeld freigelassen wurden.

Der Schuppen avancierte in der lokalen Tradition zu einem Symbol von militärischer Größe und zupackender englischer Mentalität. Im Zentrum des Gebäudes liegt in den Boden eingelassen eine große Plakette, die an die Gefangenschaft der Spanier (und somit die Heldentat der Briten) erinnert.

Im Garten der alten Abtei hat Ali Marshall einen leuchtenden Blumengarten angelegt. Sie hat dunkelbraune Haare, die ihr der Seewind immer wieder ins Gesicht bläst, und Lachfalten um die Augen. Die Gärtnerin ist eine begeisterte Krimileserin. So kam ihr die Idee, Agathas Werk durch ein eigenes Segment innerhalb der düsteren Mauern der Torre Abbey zu ehren. Als ihr Mann erfuhr, dass sie beabsichtigte, Giftpflanzen zu züchten, war er zunächst ein wenig beunruhigt, erzählt sie. Wer will es ihm verdenken?

Ali hat all die erprobten Mordgehilfen, die in ihrem Garten blühen und wachsen, exakt mit Namensschildern ausgezeichnet. Dazu erscheint ein Zeichen für die jeweilige Warnstufe. Die eher ungefährlichen Gewächse haben nur einen Totenkopf zugedacht bekommen. Die schlimmen Gifte werden mit fünf drohenden Schädeln etikettiert.

Um aus Pflanzen Gifte zu destillieren, braucht es spezialisierte Kenntnisse. Dennoch hat Ali Marshall für die, die voreilige Pläne hegen, in regelmäßigen Abständen Hinweisschilder aufgestellt: Denken Sie nicht mal dran ... Und dann noch die Warnung: Man kann alles nachweisen!

Die meisten Pflanzen in Alis Garten leuchten in unschuldigen, manche in opulenten Farben. Die Tabakpflanze zum Beispiel ist eine prächtige Erscheinung, ihr Nikotin extrem tödlich. Die blühenden

Pfirsichbäume liefern Cyanid. Cyanid sei Agathas Lieblingsgift gewesen, sagt Ali, weil man es so vielfältig einsetzen könne – als Gas oder als Flüssigkeit. Man könne es auch in ein Glas Champagner tröpfeln lassen. Der schwärmerische Unterton in ihrer Stimme lässt mich argwöhnen, dass Ali unzulässiges Gefallen an Pfirsichbäumen gefunden hat.

Wege zu Greenway House

Mein nächstes Ziel ist Greenway House, Agatha Christies Sommerhaus, das sie, reich geworden durch Kriminalromane, Romane und Theaterstücke, nutzte, um sich zu entspannen und Ideen zu sammeln. An einem dramatischen Steilhang über dem Fluss Dart steht dieses weiße, dreigeschossige

Ansicht Greenway House

Landhaus, dessen Fassade von acht Säulen geschmückt wird. Die Anlage mit Nebengebäuden und Park ist heute in der Obhut des National Trust, der es instand hält und dafür sorgt, dass es besucht und besichtigt werden kann.

Die Landschaft von Devon ist gekennzeichnet von nicht allzu hohen Hügeln, die sich aus gelegentlich schroffen Einschnitten erheben. Weiden glänzen in regensattem, hellem Grün. Immer wieder akzentuieren Einsprengsel wie Haine oder Wäldchen von dunklem Grün das Bild. Die Ränder der Sträßchen sind gesäumt von mannshohen Steinwällen, auf denen Sträucher wachsen. Einige dieser Wege führen in das alte Dorf Marldon. In Marldon fühlt man sich wahlweise in eine »Inspektor-Barnaby«-Szenerie versetzt oder in das ländliche England jener 40er bis 60er Jahre, in denen Agatha Christie auf ihrem Landsitz die Sommer verbrachte.

Auf einem Hügel über dem Dorf thront seit 1598 eine machtvolle Kirche aus dunkelgrauen Quadern. Unter ihrem Schutz stehen in Reihen zahlreiche Grabsteine: verwittert und windschief die alten nahe des Kirchenportals, aufrecht und gut lesbar die jüngeren in den hinteren Reihen. Selbst das dürre Gras hat einen schiefergrauen Ton angenommen. Der Weg führt ins leuchtend weiß getünchte *Church House Inn*.

Man steht inmitten englischer Geschichte, denn zumeist wurden in den Dörfern als Erstes nicht die Kirchen, sondern die Pubs eingeweiht. Schließlich mussten die Arbeiter, die die Kirche bauen sollten, verpflegt werden: erst der Leib, dann die Seele. Erst das Bier, dann die Litanei. Der Pub ist also noch älter als die Kirche von 1598. Fünf Räume sind mit gewaltigen Kaminen ausgestattet, die von wuchtigen Steinquadern eingefasst sind, dazu ein Fußbodenbelag im Schottenkaro, dunkle Wandpaneele und Butzenglasdekorationen. Über dem Tresen der Hinweis: *Phone Free Zone* – da weiß man gleich, hier wird Kultur gepflegt. Die ländlichen Pubs haben sich besonnen auf herkömmliche Gemütlichkeit, mit charakteristischer Küche aus der Region.

In dem Roman *Dead Man's Folly* (»Wiedersehen mit Mrs. Oliver«), der in der Szenerie von Greenway House spielt, wird Hercule Poirot an dem Bahnhof Nassecombe außerhalb von Torquay von einem Fahrer abgeholt. Ihr Weg nach *Nasse House* (= Greenway House) führt über Land, und »sie bogen in einen Weg ein, der an beiden Seiten von hohen Hecken eingefasst war. Man hatte eine herrliche Aussicht auf einen Fluss und auf nebelblaue Hügel in der Ferne. Der Fahrer hielt einen Augenblick neben der Hecke an. ›Der Fluss Helm‹, erklärte er, ›und dort hinten liegt Dartmoor.‹ Es war klar, dass Bewunderung erwartet wurde, und Poirot murmelte pflichtschuldigst: ›*Magnifique*‹, obwohl er nicht viel Sinn für Naturschönheit hatte – ein gepflegter Küchengarten hätte ihn mehr beeindruckt.«

Ich gönne mir, um nach Greenway House zu gelangen, ein Erlebnis der besonderen Art in einem Oldtimerbus, der den Passagier optisch, akustisch und olfaktorisch in die Jahre zurückführt, in denen Agatha ihr Sommerhaus erwarb und einrichtete.

Der dunkelgrüne Leyland-Bus von 1947 ist ein Liebhaberstück für den, der altes Metall zu schätzen weiß. Die Blechschäden wurden überlackiert, und selbst die Spinnweben im Führerhaus scheinen nachgezüchtet. Neben dem Motor von dem Format und der Klangfülle eines Schiffsdiesels befindet sich eine kleine Kabine für den Fahrer. Der Busfahrer, eingeklemmt zwischen Handbremse und Kupplungshebel, ist ein kompakter, jovialer Mann mit kurzen, weißen Stoppelhaaren und einem ebenso stoppeligen Schnauzbart. Er ist deutlich über 60, ein paar Zähne hat er schon eingebüßt, ansonsten ist er körperlich gut in Schuss, was wichtig ist, weil es keine Servolenkung gibt. Die Fahrgäste sind zumeist in seinem Alter, nur wenige junge Leute steigen zu. Das könnte daran liegen, dass keine Urlaubssaison und die aktive Bevölkerung noch bei der Arbeit ist.

Leyland Bus

Während der Fahrt vom Stadtzentrum von Torquay nach Greenway House erzählt der Chauffeur von Agatha Christie und den Orten, die mit ihr verbunden sind. Es offenbart sich nach wenigen Sätzen, dass Namen, Daten und historische Ereignisse nicht des

Chauffeurs wahre Stärken sind, ganz zu schweigen von Literaturgeschichte. Macht aber nichts, die gesetzten Damen mit Kapotthütchen hören ihm trotzdem hingerissen zu. Wann mögen sie diese Hüte gekauft haben?

Der Bus ruckt und rüttelt, wackelt und schüttelt, vibriert und klappert. Der Motor röhrt, und das Getriebe, das kaum mehr Zähne übrig hat als der Fahrer, lässt metallisch-mahlende Geräusche ertönen. Es ist laut. Der Fahrer schreit, die Kupplung schreit, die Gäste schreien, das ist kein Fahrkomfort im herkömmlichen Verständnis. Zudem wird durch den Fahrtwind der Dieselöldunst durch die gesamte Kabine nach hinten getrieben: kohlenmonoxydhaltige Abgase in dicken Schwaden.

1947, als dieser Bus gebaut wurde, war der Krieg gerade vorbei. England war gerettet, hatte aber den Gürtel noch eng geschnallt. Erst 1948 wurde die Rationierung auf Brot abgeschafft, die auf Tee blieb bis 1952 in Kraft, noch ein Jahr später erst wurden Süßigkeiten freigegeben. Im Bus war der Maschinenlärm damals so laut wie heute, die Dieselschwaden gab es auch schon, allenfalls ließen sich die Zähne der Kupplung geschmeidiger einlegen.

Als wir nach circa 20 Minuten vor Greenway House aussteigen, ist mir schlecht und ich habe Kopfschmerzen. Aber durch die Fahrt habe ich ein Gespür für die Epoche bekommen und damit auch für den Genuss, der sich einstellt, wenn man ein Refugium wie Greenway House sein Eigen nennen kann.

ERWERB VON GREENWAY HOUSE

1926 ging Agathas Ehe in die Brüche. Sie hatte mit Christie in der Nähe von London, entscheidender noch: in der Nähe mehrerer Golfplätze gelebt. Was wiederum dazu geführt hatte, dass Archie, der leidenschaftliche Golfspieler, seine Leidenschaft auf eine Golfpartnerin ausgedehnt hatte. Zwei Jahre später wurde die Ehe geschieden, die Tochter Rosalind blieb bei der Mutter. Hätte man es ahnen können? Archie Christie hatte vorgeschlagen, das gemeinsame Haus »Styles« zu nennen, nach dem Schauplatz von Agathas erstem Roman. Wer benennt schon sein gemütliches Heim nach dem Schauplatz eines Mordes?

Nach dem traumatischen Ende ihrer Ehe ging Agatha auf große Reise. Eine zufällige Empfehlung bewog sie, mit dem Orientexpress in den Nahen Osten zu reisen, wo sie ebenso zufällig den 15 Jahre jüngeren Archäologen Max Mallowan kennenlernte. 1930 heirateten sie.

1938 erfuhr Agatha Christie, die mit 48 Jahren mittlerweile eine bekannte und erfolgreiche Schriftstellerin war, dass nahe Torquay ein Haus zum Verkauf stand, für das sie sich schon als kleines Mädchen begeistert hatte. In ihrer Autobiografie beschreibt sie dieses weiße Haus vor dem Wald mit schönen Bäumen und Sträuchern, der sich bis zum Fluss Dart hinunterzieht.

Erstmals erwähnt wurde das Haus Ende des 15. Jahrhunderts, damals noch in der Schreibweise »Greynway«, am Übergang über den Fluss Dart nach

Dittisham. Im 16. Jahrhundert errichteten Otto und Katherine Gilbert, ein in der Schifffahrt tätiges Ehepaar, hier ein Gebäude im Tudorstil, genannt Greenway Court. Die Wasserfläche vor ihrem Haus eignete sich als Ankerplatz für Schiffe, denn der Dart ist gezeitenabhängig und bis zu diesem Punkt gut schiffbar. Einer der Söhne der Gilberts war Sir John, und dieser wiederum hatte einen Halbbruder namens Sir Walter Raleigh – jener Raleigh, der berühmt wurde als Krieger, Seefahrer, Entdecker, Historiker und Kolonisator der nordamerikanischen Küste, weshalb die Hauptstadt des Bundesstaates North Carolina nach ihm benannt ist. Die Raleigh'schen Besiedlungsprojekte in Amerika endeten allerdings im Desaster.

Sein Halbbruder John Gilbert wiederum hatte die Aufsicht über die spanischen Kriegsgefangenen, die in Torquay in der Spanish barn interniert waren. Er beorderte sie nach Greenway zu Erdarbeiten. Vielleicht – bedenkt man die erstickende Enge des überfüllten Schuppens in Torquay – waren die armen Kerle für ein wenig frische Luft und Bewegung sogar dankbar.

Durch die Jahrhunderte wurde Greenway House von potenten Besitzern an potente Besitzer weitergereicht. Einer von ihnen, Roope Harris Roope, erbaute um 1791 das heutige Haus im georgianischen Stil, ging aber bankrott, weshalb er es für 9.000 Pfund an das ehrenwerte Parlamentsmitglied Edward Elton verkaufte. Die Eltons machten sich besonders um den Garten verdient. Die Tudorreste verschwanden.

Als Sohn James Elton 1832 das Anwesen verkaufte, war der Ziergarten neu angelegt und die Gesamtanlage um Küchengarten, Swimming Pool und Bootshaus erweitert worden. Wieder wurde verkauft, wieder wurden die Gärten erweitert. 1851 bis 1882 residierte Richard Harvey auf Greenway House, der sein Vermögen mit Kupfer und Zinn gemacht hatte. Harvey renovierte die Ställe und Wohnhäuser und ließ neue Treibhäuser bauen. Und er ließ auf seinem Land den Tunnel errichten, durch den der Dampfzug zwischen Paignton und Kingswear verlief. Sogar im benachbarten Dorf Galmpton wurde er tätig, wo er eine neue Schule bauen ließ. Der Mann war Unternehmer und Modernisierer.

Weil Harvey kinderlos verstorben war, wurde sein Besitz an Thomas Bedford Bolitho verkauft. Bolitho brachte einen neuen Stil in das umliegende Grün, vor allem ließ er einen zusätzlichen Flügel mit Billardraum und Schlafzimmern einrichten, der später Agatha zum Opfer fiel. Greenway House wurde in der Erbfolge weitergereicht, bis es 1937 an einen Alfred Goodson verkauft wurde. Der machte sich gar nicht erst heimisch – es soll ihm die Weltwirtschaftskrise auf den Magen und das Portefeuille geschlagen sein –, sondern spaltete das Anwesen auf und verkaufte im nächsten Jahr das Haus mit 15 Hektar Land an die Großmeisterin des englischen Kriminalromans.

Es war Agathas Gatte Max Mallowan gewesen, der vorgeschlagen hatte, das Haus zu kaufen, denn es schien ihm ein geeigneter Ersatz zu sein für den Verlust von Agathas Kindheitsdomizil Ashfield, das von der expandierenden Stadt vereinnahmt worden war. Ashfield war Ende der 1930er Jahre verkauft und von den neuen Eigentümern abgerissen wordem. Agatha hatte noch versucht, das Heim ihrer Kindheit zurückzukaufen, aber die Grundstücksentwickler hatten schon über das Schicksal von Haus und Garten entschieden. An ihrer Stelle entstand ein Neubauviertel, zusammengesetzt aus normierten Wohneinheiten. Heute erinnert noch eine Plakette auf einem kleinen Findling daran, dass hier einst Agatha Christie, geborene Miller, gelebt hat.

Nun also Greenway House. Angeblich zunächst ohne großes Interesse will Agatha sich nach dem Preis erkundigt haben: »Sechzehntausend Pfund, sagten Sie?« Agatha vermutete, sie habe sich verhört. »Sechstausend.« »Sechstausend?«

Das tat dem Ohr gut. Nur wenigen Kaufinteressenten einer Immobilie wird solch ein Glück widerfahren. Vielleicht waren der 16,5 Hektar große Garten und die notwendigen Umbaumaßnahmen für das Haus ein Grund für den niedrigen Preis – nicht jeder konnte für so ein kostspieliges Anwesen aufkommen.

Für Agatha war es hingegen ein »… ein Traumhaus, ein Idealhaus.«

Die Eigentümerin stellt in ihrer kursorischen Autobiografie eine Liste der Räume auf, die sie nicht abgerissen hat: eine riesige Speisekammer, ein großes Gewölbe, in dem Vieh geschlachtet worden war, ein Holzlager, mehrere Spülküchen. Sie hätte, urteilte sie im Nachhinein, statt der großen Anlagen eine kleine Küche einrichten sollen, in der sie sich hätte selbst versorgen können. »Aber mir kam damals nie der Gedanke, dass es eine Zeit geben würde, wo es kein Hauspersonal gab.«

VOR UND NACH DEM KRIEG

Im Sommer 1940 brachten die Nazis den Krieg nach England. Am Himmel über Torquay konnte Agatha beobachten, wie Messerschmidt-Jäger gegen Spitfires und Hurricanes kämpften. Sie konnte die Maschinen nicht auseinanderhalten, aber die Jungs auf der Straße wussten Bescheid und erklärten ihr den Luftkrieg.

Greenway House wurde zum Heim für Kinder, die aus bombengefährdeten Städten evakuiert wurden. Christies Butler und seine Frau blieben in Greenway, während sie selbst zu ihrem Mann nach London zog und damit mitten hinein in den Bombenkrieg. Max wurde später für die Luftwaffe in den Nahen Osten versetzt, wo er den gesamten restlichen Krieg verbrachte. Erneut arbeitete sie unterdessen als Apothekenhelferin und blieb in London.

1942 entschied die britische Admiralität, Greenway House zu requirieren – Kinderschutz hin oder her. Was bedeutete, dass das Haus umgehend geräumt werden musste von Bewohnern und Mobiliar, Besteck und Geschirr. An ihren Mann Max schrieb Agatha, dass sie mit ihrer Kamera und ihrem letzten Farbfilm durch das Haus gegangen sei, um Erinnerungen aufzunehmen. Sie konnte sich nicht sicher sein, ob sie ihren Besitz in gutem Zustand zurückerhalten würde, und für diesen Fall machte sie – geübt im Entwerfen kriminalistischer Ermittlungen, wie sie war – Beweisfotos.

Da Greenway House sowohl über einen eigenen Anlegeplatz wie auch ein ausreichend tiefes Hafenbecken verfügt, ist es vom Meer einlaufend bequem zu erreichen. Greenway House wurde Offiziersmesse für die 10th Flotilla der US Coast Guard, die sich hier auf den D-Day, die Landung in der Normandie, vorbereitete. Rund fünfzig Offiziere der Flottille bekamen Greenway House als Quartier zugewiesen. Die Zimmer wurden mit drei oder vier Mann belegt, was bei weitem komfortabler war, als an Bord eines Kriegsschiffes zu leben. Der Kommandant und seine beiden Stellvertreter benutzten im ersten Stock Agathas Schlafzimmer mit dem kleinen Nebengelass, wo Kleider respektive Uniformen aufbewahrt werden konnten.

In der Küche wurden zusätzliche Herde installiert und neben dem Flur des Erdgeschosses eine Galerie von 14 Toiletten angelegt.

Die Einheit war mit so genannten LCIs, Landing Craft Infantry, ausgestattet, also schuhkartonähnlichen Landungsbooten, mit denen bis zu 200 Infanteristen an die feindliche Küste gebracht werden konnten – in diesem Fall in die Normandie. Vor der Küste wurden die Bugklappen hinuntergelassen, und aus dem Schuhkarton heraus begannen die Soldaten den Sturmangriff in der verzweifelten Hoffnung, möglichst schnell den sandigen Küstensaum zu überqueren und in den Dünen Schutz zu finden. Weil sich diese Schachteln ohne Kiel und mit einem Bug wie eine Schrankwand nur schwer steuern ließen, waren sie bei den Seeleuten nicht sehr beliebt. Die Bootsführer von der Kriegsmarine übersetzten »LCI« daher mit *lousy civilian idea*, miese Idee eines Zivilisten.

Nach dem Ende des Krieges erhielt Agatha Christie ihren Landsitz ebenso überraschend und kurzfristig zurück, wie er requiriert worden war. Christie schildert – das war ihr wohl ein wichtiges Anliegen –, wie sie um ein Haar, nämlich um genau drei Wochen mehr Zeit, einen neuen Stromgenerator bekommen hätte. Der alte röchelte asthmatisch und war schon dabei, seinen Geist aufzugeben. Wären die Amerikaner nur noch wenige Tage länger in Greenway House geblieben, hätten sie wohl ein neues Aggregat einbauen lassen. Aber die US-Navy zog ab, und der Generator blieb der, der er immer gewesen war, was Agatha Christie noch immer zu ärgern schien, als sie diese Episode 1965 in ihrer Autobiografie beschrieb.

Es war nicht nur der Generator. Mit Erbitterung berichtet sie, wie sie in zähem Ringen mit der britischen Marineverwaltung darum stritt, die Schäden und Umbauten am Haus beseitigen zu lassen. Ungeachtet ihrer hohen Einkünfte als mittlerweile weltweit erfolgreiche Schriftstellerin war sie nicht gewillt, auch nur auf ein Pfund von dem zu verzichten, was ihr ihrer Meinung nach zustand.

Offenbar kämpfte die Admiralität nicht weniger verbissen: Sie erklärte den Einbau von 14 zusätzlichen Toiletten in ein Landhaus als Wertsteigerung, obwohl hier nur eine einzige Familie lebte. Dafür müsse Christie die Admiralität, also den Steuerzahler, entschädigen. Schließlich aber lenkte die Admiralität ein und riss die Toiletten wieder ab.

Die US-Marineoffiziere selbst hatten sich nach Aussage der Besitzerin ganz und gar untadelig verhalten. Dennoch war das Anwesen, als es wieder in die private Nutzung zurückging, restaurierungs- und renovierungsbedürftig. Und der Park war vollkommen verwildert. In den Zwischenphasen, in denen das Anwesen unbeaufsichtigt geblieben war, hatten Unbefugte das

Gelände betreten und zum Entsetzen der Besitzerin nicht nur Blumen gepflückt, sondern auch ganze Äste abgebrochen.

Trotz alldem aber war es Agatha nicht unangenehm gewesen, dass die Admiralität während fast dreier Kriegsjahre Greenway House requiriert hatte. So konnte sie zumindest eine Zeitlang die laufenden Kosten für Heizung, Gartenarbeiten, allfällige Reparaturen einsparen. Denn auf ihrer Ausgabenseite standen hohe Steuerforderungen und deswegen beschlagnahmte Einkünfte, auf die sie nicht zugreifen konnte. Es ergab sich zudem die unbequeme Lage, dass sie auf Tantiemen, die sie in den Vereinigten Staaten erwirtschaftet hatte, die aber wegen kriegsbedingter Vorschriften nicht nach Großbritannien übertragen werden konnten, Steuern zahlen sollte. Zeitweise stand ihr deswegen nur wenig Geld zur Verfügung. Daher war sogar eine Zeitlang der Verkauf von Greenway House in der Diskussion, es fand sich aber kein Käufer.

Nach dem Ende des Krieges fiel die Rolle des behördlichen Widersachers von der Admiralität wieder zurück auf die Steuerbehörde. Dies war ein Zeichen dafür, dass das Leben allmählich wieder in seine gewohnten Bahnen zurückfand. »Erst jetzt« – heißt es in der Autobiografie – »wird mir so richtig bewusst, dass ich in den Kriegsjahren eine unglaubliche Menge von Zeug produzierte.«

Sie selbst erklärt diese Produktivität damit, dass während der Kriegsjahre die Heinkel- und Junkers-Bomber das gesellschaftliche Leben mehr oder weniger zum Erliegen gebracht hatten. Diese Zeiten erzwungener Ruhe habe sie mit Schreiben ausgefüllt.

Aber es fragt sich, ob die extrem fleißige Agatha nicht ebenso viel geschrieben hätte, wären die Jahre zwischen 1940 und 1945 Friedensjahre gewesen.

NATIONAL TRUST

Greenway House ist 2000 von Christies Erben, also ihrer Tochter Rosalind und deren zweitem Ehemann Anthony Hicks, an den National Trust übergeben worden. Der National Trust ist eine spendenfinanzierte Gesellschaft, die sich um den Erhalt von historisch bedeutsamen Gebäuden und deren Liegenschaften kümmert, als da wären Schlösser, Burgen, Parkanlagen, Privathäuser und deren Gärten. Auf diese Weise ist er zum zweitgrößten Grundbesitzer im Vereinigten Königreich aufgestiegen. Meist können die Erben die vielleicht überdimensionierten, vielleicht überschuldeten, vielleicht maroden Anwesen ihrer Vorfahren nicht mehr halten und dann übergeben sie sie – einen historischen und gesellschaftlichen Wert vorausgesetzt – dem National Trust. Der muss dann im Regelfall erst einmal eine grundlegende Bestandssicherung und Sanierung durchführen, und in der Folge die Renovierung und den nutzungsgerechten Umbau.

Als Greenway House dem National Trust übergeben wurde, hätten Risse in den Wänden geklafft, durch die man eine Faust hätte schieben können, berichten Augenzeugen. Offenbar war das Ehepaar Hicks in seinen vorgerückten Jahren nicht mehr willens gewesen, das

Haus zu unterhalten. Man darf unterstellen, dafür notwendiges Geld wäre aus dem Erbe der Erfolgsautorin durchaus vorhanden gewesen. Zu Beginn der Unterredungen verfolgten die Hicks' die Idee, das Haus komplett auszuräumen und dem National Trust nur die nackten, rissigen Wände zu hinterlassen. Aber im Verlauf der Verhandlungen konnten sie davon überzeugt werden, dass ein Haus ohne die Gegenstände und den darin verkörperten Spirit seiner früheren berühmten Bewohnerin einigermaßen wertlos wäre für Besucherinnen und Besucher. So wurde schließlich das Haus unausgeräumt in dem Zustand übergeben, den die Erben bei ihrem Auszug hinterließen. Man erzählt sich von einer letzten Familiensause mit Champagner aus Magnumflaschen, *Fish & chips* und erlesener Kleidung. 2004 und 2005 verstarben die ehemaligen Hausbesitzer.

Im Februar 2009 konnte das Haus nach zweijährigen intensiven und fünf Millionen Pfund teuren Renovierungen für die Öffentlichkeit freigegeben werden. Rund 20.000 Einzelstücke mussten inventarisiert, viele davon konservatorisch behandelt werden. Erstaunlicherweise wurde während der Renovierungsarbeiten eine Heizung aus der viktorianischen und sogar eine Pflasterung aus der Tudor-Epoche gefunden – wohl die Reste dessen, was die Gilberts im 16. Jahrhundert hatten legen lassen. Diese archäologischen Details hätten Agathas Ehemann Max Mallowan sicher amüsiert.

Ziel des Umbaus war es, möglichst weitgehend den Zustand der 1950er Jahre sichtbar zu machen, in denen die Familie hier ihre Sommer verbrachte. Während der ersten Saison 2009 kamen innerhalb von acht Monaten 99.000 Besucher, circa 500 am Tag. Haus, Garten und die Aura der früheren Besitzerin locken bis heute als Attraktion – 113.000 Besucher kommen jährlich nach Greenway House.

Rundgang durch Greenway House

Die ehemalige Küche wird beherrscht von einem gewaltigen blauen Aga-Herd mit dicken Isolierdeckeln auf den Kochplatten. Der unverwüstliche Aga-Herd ist in den Kamin eingerückt, an die Stelle, wo früher das offene Feuer brannte. Auf dem Kaminsims stehen Zierdosen in abgestufter Formation.

Elaine Ward, die für den National Trust das Projekt Greenway House leitet, erzählt: »Agatha hat das Haus nicht selbst eingerichtet. Aber sie hat diesen Prozess geliebt, in dem es nach und nach ihres wurde. Zum Beispiel hatte sie alle Bäder getestet, bevor sie sie einbauen ließ.«

Agatha hatte die Angewohnheit, erzählt Elaine, sich vor dem Kauf mit Apfel und Buch in der Hand in die Badewannen zu setzen, um auszuprobieren, ob sie bequem seien. So testete sie ihre persönlichen Mindestanforderungen für eine Wanne. Als sie einmal ein Modell ausprobieren wollte, das noch im Schaufenster eines Londoner Geschäfts stand, sahen die vorübergehenden Fußgänger die berühmte Agatha Christie in der Wanne sitzen, einen Apfel knabbernd und in einem Buch blätternd.

Julia, elegant, nicht unkokett, ist eine der vielen Freiwilligen, die für den National Trust die Besucherströme durch Greenway House lenken, Führungen abhalten und im Garten helfen. Sie stammt aus der Gegend, und als Greenway House als Museum eröffnet wurde, habe sie sich sofort gemeldet. Sie sei auch als Laienschauspielerin tätig: »Ich stehe in Torquay auf der Bühne und liebe es, in den Stücken von Agatha aufzutreten.« Um ihrer persönlichen Heldin nahe zu sein, führt sie nun Besucher durch deren Haus.

Wir stehen in dem großen Eingangsportal mit der zweiflügeligen Tür und blicken hinunter auf den Fluss Dart. Prächtige Sträucher und Bäume ziehen sich den Hügel hinunter zum Ufer hin. Viele Menschen, sagt Julia, lieben es, hier neben dem Portikus zu sitzen und den Blick schweifen zu lassen.

Wir wenden uns vom Portikus ab und betreten den schmalen, eierschalfarben lackierten Eingang. Uns begrüßt eine namenlose Frauenbüste mit Strohhut. An den Wänden stehen Vertikos mit und ohne Aufsatz. Großformatige Porträts zieren die Wände, namentlich zuzuordnen sind die Bilder von Schwester Margaret und Bruder Monty sowie Agathas Kindermädchen Nursie, eine alte Frau mit Knollennase, roten Wangen und einem Blick, der viel gesehen hat und nichts mehr erwartet. Dann gelangen wir in die rechteckige *Inner Hall*.

Sie ist vollgestellt mit Dutzenden von Dingen: In einem Schirmständer steht eine Kollektion von Spazierstöcken. Einer davon trägt als Handknauf ein fein ausgearbeitetes Mönchsgesicht mit Tonsur, so dass der polierte kahle Schädel geschmeidig in der Innenhand liegt. Ein anderer Stock hat einen Handgriff von Elfenbein, aus dem der lange, filigrane Kopf eines Windhundes geschnitzt wurde. Die spitze Schnauze am

Ende des Griffes könnte durchaus als elegante Waffe eingesetzt werden, von einem stutzerhaft gekleideten Hercule Poirot beispielsweise.

Auf einem Wandschrank liegt ein Totenkopf aus Porzellan. Ehemann Max, offenbar ein Wissenschaftler

Totenkopfmodell in der Eingangshalle

mit trockenem Humor, soll unter dieser Schädeldecke seinen Tabak aufbewahrt haben. Es gibt auch eine Kollektion von 40 Flaschen für homöopathische Medizin in einer Transportbox, die den Besucher gleich an Agathas Vorliebe für Giftmorde aus diversen Substanzen erinnert. Ein Handkoffer mit einem kompletten Picknickset scheint auf einen Ausflug ins Dartmoor zu warten. Weiter hinten steht – größer als ein Ziegelstein –

ein frühes Mobiltelefon aus dem Besitz von Agathas Tochter Rosalind und ihrem Mann. Weil es nicht berührt werden darf, steht für wissbegierige Besucher ein kleines, sandgefülltes Säckchen auf dem Boden, damit sie beim Anheben selbst erfassen können, was so ein Handy aus dem elektronischen Neolithikum wiegt.

Ich folge Julia, die von der Leiche bis zur Mörderin schon alles gegeben hat, aus dem Eingangsflur in den ersten Raum links und höre im internationalen Duktus von Museumsführern: »Jetzt betreten wir das Morgenzimmer.«

Morgenzimmer

Der Raum wird beherrscht von einem großformatigen Porträt in schwerem Goldrahmen. Klein-Agatha mit goldenem Haar sitzt in einem Ohrensessel, der reichlich Platz bietet für ein vierjähriges Mädchen und seine Lieblingspuppe. Sie trägt ein Rüschenkleid mit rosa Bauchschleife, dazu weiße Söckchen und goldfarbene Schuhe, die Puppe Rosie neben ihr eine ähnliche Tracht mit vielen Falten. Selbst die Frisuren scheinen angeglichen. Das Bild von Douglas John Connah heißt *Lost in reverie*.

»Sie schaut ziemlich gelangweilt«, kommentiert Julia, »aber ein vier Jahre altes Mädchen, das stillsitzen soll, damit es gemalt werden kann, sieht nun mal gelangweilt aus.« Ganz in Moll erklingt Julias Mitgefühl mit einem kleinen Mädchen, das das endlose Stillsitzen einfach nur öööde und laaangweilig findet.

Lost in Reverie *von Douglas-John Connah:*
Porträt von Agatha Christie im Alter von vier Jahren

Unter dem Bild ruht auf einem Stuhl, die Beinchen bis zur Kante der Sitzfläche ausgestreckt, die reale Puppe Rosie. Rosies Gesicht wurde aus unglasiertem Biskuitporzellan hergestellt, das eine lebensechte Haut vortäuscht. Sie hat die Jahrzehnte so gut überstanden wie – dicht daneben – die Kollektion von

Taschenuhren und Schnupftabakdosen, die von Tochter Rosalind zusammengetragen wurde. Vielleicht war dies die Fortsetzung einer Sammlung, die ihre Mutter schon begonnen hatte?

DRAWING ROOM

Der Morning Room war in früheren Zeiten der Raum, in dem morgens das Personal anzutreten hatte, um die Anweisungen für den Tag entgegenzunehmen. Nachdem diese administrative Aufgabe erledigt war, zog die Herrschaft sich wahrscheinlich eine Tür weiter in den Drawing Room zurück, in den Julia uns jetzt führt.

1815 war dieser Raum angefügt worden, um ein architektonisches Gegengewicht zu dem Speisezimmer auf der anderen Seite des Hauses zu schaffen. Wahrscheinlich hatten die Eltons, die seinerzeit das Anwesen besaßen, gerade Geld zur Hand oder sie erwarteten gute Geschäfte in der nach-napoleonischen Ära. Womöglich hatten sie sogar noch den Flottenaufmarsch vor Torquay bewundert, wo von Bord der *Bellerophon* die französische Nemesis ein letztes Mal auf europäischen Boden geblickt hatte – auf ihrem Weg nach St. Helena. Das mochte den Unternehmer optimistisch gestimmt haben.

Der Drawing Room wird beherrscht von einem Steinway-Flügel und einer geräumigen Sitzgarnitur. Die tiefen Fenster gestatten einen weiten Blick in die Landschaft bis zu den Hügelkuppen auf der anderen

Seite des Darts. Hier nahm man das Frühstück zu sich und las die Morgenzeitungen oder ein Buch und hörte Musik. Agathas Mann Max liebte Rachmaninow, hier also lauschte er dessen Klavierkonzerten und schaute dabei versonnen aus dem Fenster.

Im Drawing Room hat der größte Teil des Familienlebens stattgefunden, wenn im Sommer alle zusammenkamen. Enkelsohn Mathew Prichard erinnert sich, dass Großmutter nach dem Essen aus den Korrekturfahnen der Bücher vorlas, deren Druck vorbereitet wurde. Dann saßen zumeist acht bis zehn Leute beisammen, Familie und Gäste. Solche Etappenlesungen mochten sich über eine Woche oder sogar länger hinziehen.

Über Ehemann Max wird erzählt, er sei hin und wieder dabei eingeschlafen. Er war wohl der Einzige, der sich das erlauben konnte. Agatha muss gelegentlich die Lesung unterbrochen und in die Runde gefragt haben, ob schon jemand sagen könne, wer der Mörder sei, und da habe Max, trotz seiner Kurzschlafphasen, meist einen Vorsprung gehabt. Schließlich hatte er einen privilegierten Zugang zu den Ideen der Autorin.

Agatha hat – so erzählt Mathew Prichard weiter – in Greenway House nicht gearbeitet, will sagen: nicht an Romanen geschrieben. Hier hat sie aber durchaus die Korrekturfahnen durchgesehen, hier hat sie selbstverständlich ihre umfangreiche Korrespondenz abgearbeitet und in ihren Notizbüchern Ideen für künftige Romane gesammelt. Ein kleiner Sekretär mit einem hohen Vitrinenaufsatz am Fenster des Drawing Room soll ihr dazu gedient haben. Es gibt ein Foto, das sie als reife Dame in einer Art geblümtem Kittel an dem Sekretär zeigt, die kleine Schreibfläche ökonomisch nutzend.

Während Julia und ich durch das Haus streifen, folgt uns ein Mann, der sehr begehrlich auf das Notizbuch in meiner Hand starrt. Offenbar will er etwas loswerden. Als wir für einen Moment stehen bleiben, um den Spiegel über dem Kamin zu bewundern, sieht er seine Chance gekommen.

Der Mann will von Julia wissen, wie viele Angestellte Agatha gehabt habe. Julia zählt auf: ein Butler, ein Hausmeister, dazu mehrere Gärtner. Aber das war nur die ablenkende Einleitung, denn jetzt platzt es aus ihm heraus: Er selbst habe sie damals gesehen. Agatha Christie!

Er habe sie häufiger um die Mittagszeit in einem Lokal namens Carved Angel angetroffen. Sie sei damals schon alt gewesen. Julia setzt mich ins Bild: Der Carved Angel war ein Restaurant in Dartmouth an der Küste, Agatha ging dort gelegentlich sonntags zum Essen. Formvollendet Julia: »Und dieser Gentleman hier, einer unserer Besucher, hat sie gesehen.« Was sie denn dort getan habe, will ich von dem Mann wissen. Sie habe ihren Lunch gegessen, antwortet der Gentleman. Was für Außenstehende keine erschütternde Information birgt, was aber für den Mann, der sie gesehen hat, offensichtlich ein Erlebnis von intimer Bedeutung darstellt. Es entspinnt sich eine Debatte, ob Agatha wirklich allein am Tisch gesessen habe, was Julia zu bezweifeln wagt. Andererseits wäre durchaus vorstellbar, dass sie die Zeit genutzt habe, zu beobachten und sich neue Geschichten auszudenken.

Den Carved Angel gibt es in Dartmouth noch immer. Er liegt in einem hübschen Fachwerkhaus am Dart und bietet regionale Edelküche. Die Qualität ist offenbar schwankend, es empfiehlt sich, den aktuellen

Stand in einschlägigen Publikationen zu überprüfen, bevor man einen Tisch reserviert.

WINTERSPEISEZIMMER

Julia richtet nun meine Aufmerksamkeit auf das Winterspeisezimmer. Es wurde nach dem Tod der Autorin von Agathas Tochter Rosalind und ihrem Mann eingerichtet, die das Haus ganzjährig bewohnten. Eine schmale Tür führte von hier direkt in die Küche, wodurch das Auftragen der Speisen etwas bequemer wurde, als wenn man sie durch die Halle zum großen offiziellen, aber entfernten Esszimmer hätte schleppen müssen. Diese Verbindungstür ist nun verschlossen. Den Türstock füllt heute ein dreigeschossiges Modell eines chinesischen Tempels aus jadegrünem Steingut aus. Die okkulte Nutzung wurde im Kreis der Familie insofern fortgeführt, als in dem sehr detailreich ausgeführten Kunstwerk die Ostereier für die Kinder versteckt wurden, was ja ebenfalls ein religiös begründeter Brauch ist.

Das Winterspeisezimmer ist ein Ausstellungsraum für Esskultur. In der Familie ist über Generationen hinweg Porzellan zusammengetragen worden in einer Größenordnung, die leicht für die Ausstattung eines mittelgroßen Landgasthofs reichen würde. Eine Vitrine enthält das Silber: Serviettenringe, filigran geflochtene Brotkörbe, Saucieren im Großfamilienformat, hohe Kaffeekannen, Pfeffer-Salz-Kombinationen, eine davon mit einem Entenkopf als Handgriff.

In weiteren Vitrinen etliche, sehr unterschiedliche Teller und Töpfe. Ganze Sets stapeln sich im Schrank, jedes in einem anderen Stil und mit eigenen Mustern. Es gibt einen Turm von vier oder fünf Tellern aus grünlichem Material mit Wellenrand, darüber vier weiße mit mehreckigem Grundriss und obenauf eine einzelne Tasse in Schwarz mit hellenistischer Anmutung.

Die Christie-Mallowans, ihre Vorfahren und Nachkommen, waren alle begeisterte Sammler. Es wurde dabei nicht nach einer Philosophie oder einem Motto ausgewählt, sondern bei Antiquitätenhändlern und Trödlern nach der Eingebung des Augenblicks gekauft. Schon Großvater Frederick hat unzählige Dinge erworben, gleich morgens auf dem Weg zum Yacht Club. Einige Familienmitglieder trugen Silberbestecke zusammen, andere Taschenuhren oder Spazierstöcke. Hätten die Christies nicht die Gewohnheit gehabt, große Häuser zu bewohnen, sie wären wegen ihrer Sammelleidenschaft als Messies in die Geschichte eingegangen. Nachdem der National Trust ihre 20.000 Einzelstücke inventarisiert und geordnet hat, sind sie in die Gilde der Sammler aufgestiegen.

»Sammeln ist eine Art und Weise, sich eine Vergangenheit wiederanzueignen, die uns entschwindet«, schreibt der italienische Literaturwissenschaftler Umberto Eco, »aber was für eine Vergangenheit?« Es wird vermutlich schwerfallen, zu entscheiden, welche Vergangenheit hier von Max, dem Archäologen von Beruf, und Agatha, der Archäologin aus Leidenschaft, rekonstruiert und bewahrt werden sollte. Sie legten es jedenfalls beide darauf an, jedes Jahr ein Stück Silber aus den Epochen von der Mitte des 16. Jahrhunderts bis zur Krönung von Königin Victoria im Jahr 1837 zu erwerben. Das grenzt vielleicht eine Zeit in der Vergangenheit ein, aber dem Betrachter scheint es gleichwohl, als laute das Schlüsselwort dieser Sammlung nicht »Epoche«, sondern »Opulenz« – vom Eierbecher bis zum Flachmann liegt alles in der Vitrine, was silbrig glänzt.

Zu Tischporzellan, Jadeschälchen und einem einsamen Napoleon zwischen den Tassen haben sich Spielzeug, Silberbesteck und Glasvasen gesellt, und auch eine Schachtel mit großflächigen Orden, darunter die Auszeichnung »Dame of the British Empire«, verliehen 1971 von Königin Elisabeth. Bei der Sichtung der Bestände durch den National Trust wurde der Orden irgendwo hinten in einem Regal gefunden. Agatha hatte wohl nicht das Bedürfnis, diese Medaille in den Vordergrund zu stellen. Jetzt hat der National Trust sie hingegen prominent platziert. Die Reaktion der anderen Gäste um mich herum auf diese Anekdote ist gemischt. Einerseits ist eine leichte Bewunderung für die Nonchalance gegenüber öffentlichen Dekorationen spürbar, andererseits auch eine zögernde Missbilligung – so geht man mit der Königin doch nicht um!

Wir verlassen das Winterspeisezimmer und betreten den kleinen Dienstbotenflur, der zu Küche und Gesindezimmer führt. An der Wand hängt noch immer die alte Klingelanlage, mit der die Dienstboten in die Räume gerufen wurden, wo die Herrschaft ihrer bedurfte. Das Glockenspiel ist so dicht unter der Decke angebracht, dass man es nicht aus Versehen beim Durchlaufen in Bewegung versetzen kann – und auch nicht unbotmäßig zum Verstummen bringen. Die Klingeln waren jeweils durch einen Seilzug mit dem dazugehörigen Raum verbunden. Wurde der Seilzug betätigt, brachte er eine kleine Glocke zum Anschlagen. Der wachhabende Dienstbote flitzte aus der Küche oder dem Dienstbotenzimmer auf den Gang, sah die Glocke nachschwingen und wusste durch das angefügte Schild, in welchem Raum er eiligst zu erscheinen hatte. Agatha hat dieses Domestiken-Carillon aus dem 19. Jahrhundert nicht mehr benutzt. Sie ließ stattdessen einen modernen, elektrifizierten Nachfolger installieren.

Am Ende des Flurs waren während des Krieges die besagten 14 Toiletten eingebaut und nach dem Sieg wieder entfernt worden. Heute führt die Tür nach draußen. Als Agatha das Haus kaufte, stand hier ein eigener Flügel, den 1892 Thomas Bedford Bolitho hatte anfügen lassen, in dem sich ein Billardzimmer und weitere Räume befanden. Da Agatha die Angewohnheit von Männern, sich nach dem Essen unter ihresgleichen zurückzuziehen, um sich auf ein Spielchen zu treffen, zu rauchen oder starke Getränke zu sich zu nehmen, unterbinden wollte, ließ sie den Flügel kurzerhand abreißen. Überdies störte er ihrer Ansicht nach die Ausgewogenheit der Architektur.

In »Wiedersehen mit Mrs. Oliver« besitzt ein schwerreicher Parvenü ein Haus, das dem Greenway Estate von Agatha Christie nachgebildet ist. Ein junger Architekt soll Umbauarbeiten vornehmen, die er für ganz und gar geschmacklos hält. Höhepunkt seines Widerwillens gegen den Auftraggeber ist sein fassungsloser Ausruf: »Er will einen Billardsalon anbauen«.

DIE TOILETTE

Im oberen Stockwerk führt mich Julia in die privaten Räume des Anwesens. Die Toilette, schmal, schlauchartig, ist ein besonderer Raum. Linker Hand befindet sich ein Regal, in dem dicke braune, ledergebundene, feuchtigkeitsempfindliche Scharteken liegen, darunter eine Stange für ein Handtuch – eine irritierende Kombination. Im hinteren Teil, unter dem Fenster, befindet sich eine auffällige Toilette. Der hygienische Sitz ist nicht, wie üblich, ein schmales Verrichtungsporzellan, sondern ein Mahagonimöbel über die volle Breite des Raumes. Gravitätisch, mit komfortablen Ablageflächen zu beiden Seiten, kunstvoll den Zweck seines Daseins verschleiernd – ein Klo als Raumkunstwerk.

In Ealing bei London, im Haus ihrer Großmutter, befand sich eine Toilette, die Klein-Agatha so begeisterte, dass sie Jahrzehnte später noch Eingang in die Lebenserinnerungen fand. Eine »Herrlichkeit« dieser Wohnung, wie sie es nannte, war »die Toilette – einschließlich des wunderbar großen Sitzbrettes aus Mahagoni. Wenn ich darauf saß, fühlte ich mich wie eine Königin auf dem Thron.« Kann man ihren Kindheitserinnerungen trauen, dann thronte sie dort lange, empfing Delegationen, neigte huldvoll ihr Haupt und ließ sich die Hände küssen, »bis ich dringend aufgefordert wurde, herauszukommen, weil auch andere die Toilette aufzusuchen wünschten.«

Einen ähnlichen Sitz wie in Ealing besorgte sie sich auch für Greenway House. Dieser Toilettensitz war abnehmbar und begleitete das Archäologenpaar tatsächlich auf seinen Grabungskampagnen. So wie andere Menschen auf Reisen gern ihr persönliches Kopfkissen mitnehmen, bestand die Hausherrin darauf, dass auch in Syrien und im Irak ihr angestammter Toilettensitz zur Verfügung stand. Schreibmaschinen besorgte sie sich im Orient vor Ort, war durchaus auch mit Geräten minderer Qualität zufrieden, aber ihren Toilettensitz brachte sie von zuhause mit.

SCHLAFZIMMER

Als Nächstes gelangen wir ins Schlafzimmer. »Hier sehen Sie das große Bett, in dem Agatha schlief. Und daneben steht ein kleines Metallbett. Die Leute wollen oft wissen, warum da ein Kinderbett steht.« Julia legt eine erwartungsvolle Pause ein. Mir fällt nichts ein. »Und wir antworten: Das ist kein Kinderbett, sondern Max' Expeditionsbett, das er benutzte, wenn er auf einer Grabungskampagne war. Er schien es bequem zu finden und hat es nach dem Ende seiner Grabungen stets nach England zurückgebracht.«

Offenbar bedeutete Max' puritanisches Vergnügen am harten Feldbett, das er aus seiner Militärzeit in die Archäologenepoche hinübergerettet hatte, eine Erleichterung für das eheliche Beisammensein. Denn das Doppelbett (heute eine Nachbildung) wurde vollständig von Agatha ausgefüllt, die mit den Jahren recht üppig geworden war.

In ihren jungen Jahren war Agatha Miller von schlanker, sportlicher, agiler Gestalt gewesen. Und in ihren späteren Jahren vermied sie erfolgreich zeitgenössische Unarten wie Alkohol und Nikotin. Ihre Biografin Janet Morgan erwähnt, Agatha habe nur einmal eine Ausnahme gemacht, als sie zu Tisch saß mit einem fundamentalistischen Antialkoholiker, der so ausdauernd über das Übel Alkohol wetterte, dass sie spontan eine Flasche Bier orderte.

Süchtig wurde sie aber nach einem Getränk, das sie sich selbst mischte und das zur Hälfte aus Milch, zur Hälfte aus Devonshire Cream bestand. Die Cream ist dick wie Butter, bedeckt mit einem gelblichen Überzug geronnener Milch, sämig zu löffeln oder für Agatha aufgeschüttet mit Milch aus der Tasse zu trinken. Mir scheint dieses Getränk nicht für den menschlichen Verzehr geeignet, aber meine Nachfragen unter Einheimischen erbringen, dass allein das Erwähnen von Devonshire Cream verzückte Mienen produziert.

Der Cream-Effekt war unvermeidbar. Agatha ging unaufhaltsam in die Breite. Einer Quelle zufolge soll sie es auf einhundert Kilo gebracht haben. Angeblich habe ihr Ehemann Max Mallowan sie gelegentlich gebeten, sich auf übervolle Koffer zu setzen, um sie zu schließen. Daraus sei der nur innerhalb einer Familie von unverwüstlichem Humor zu tolerierende Satz erwachsen: »Wenn du sie nicht zubringst, dann schafft es niemand.«

Ihrem Jugendfreund Amyas Boston, der sie nach Jahrzehnten besuchten wollte, beschied sie, er solle den Besuch vergessen und sie lieber in Erinnerung behalten als liebliches Mädchen beim Mondscheinpicknick. In ihrer Autobiografie schrieb sie illusionslos:

»Ich habe meinen Stolz. Es lag mir daran, dass er nicht den Schock erleiden sollte, einem achtzig Kilogramm schweren Fleischberg mit einem – anders kann man es nicht mehr beschreiben – ›freundlichen Gesicht‹ zu begegnen.«

Aus diesen Gründen vermied sie es auch mit zunehmendem Alter in der Öffentlichkeit aufzutreten, vor allem, um Fotografen aus dem Weg zu gehen. Agatha mochte jedoch die moralische Last der zunehmenden Pfunde nicht alleine auf sich nehmen. In der kurzen Erzählung »Die Pralinenschachtel« sitzen Hercule Poirot und sein beständiger Sidekick Captain Hastings in einer kalten, verregneten Nacht an einem wärmenden Kaminfeuer. Hastings trinkt einen heißen Grog. Dann schaut er zu, wie sein Freund nach »eine[r] Tasse cremiger Schokolade [griff], die ich um keinen Preis getrunken hätte! Poirot schlürfte das dickflüssige braune Gesöff aus der rosa Porzellantasse und seufzte vor Zufriedenheit. ›Quelle belle vie!‹, murmelte er.«

Julia fährt fort: »Unglücklicherweise ist Max hier verstorben. Er war in den Ferien, als er einen Herzschlag erlitt, einige Jahre nach Agathas Tod 1976. Aber er hatte ein schönes Leben.« Wieder umflort seidige Empathie ihre Stimme Der Blick aus dem Fenster des Schlafzimmers reicht über den Dart bis zu den Hügeln auf dem gegenüberliegenden Ufer. Vielleicht weil man von hier aus einfahrende Schiffe am besten sehen kann, wählten während der amerikanischen Periode des Hauses der kommandierende Offizier und seine Stellvertreter diesen Raum als ihr Büro und Ausguck.

Zwischen Zimmertür und offenem Kamin befindet sich der Zugang zum begehbaren Kleiderschrank. Die Schranktüren stehen offen, dicht an dicht hängen

Kleider, bedeckt mit bunten Hauben, die wie Kaffee-wärmer aussehen.

Es gibt ein Foto, auf dem sitzt die Autorin im Schlaf-zimmer an einem Tisch, vor sich die Schreibmaschi-ne, daneben lange Druckfahnen mit Text, den sie zu bearbeiten hat. Rechts von ihr steht die Damaszener Truhe, die sie in den 1920er Jahren gekauft hat, ein überreich mit Intarsien geschmücktes, nahezu manns-hohes Möbel. Befreit von Arbeit scheint sie also auch in Greenway House nicht gewesen zu sein, obwohl es ursprünglich als reiner Feriensitz gedacht war.

FAX ROOM

Über den Flur gehen wir zu einem weite-ren, ebenfalls schmalen und schlauchartigen Zimmer, dem architektonischen Pendant zur Toilette. Es heißt Fax Room und in der Tat steht hier auf einem kleinen Schreibtisch am Fenster ein Faxgerät. Außer-dem befindet sich im Zimmer ein langes Bücherregal mit verglasten Türen, auf den Regalböden aufgestellt eine schier endlose Reihe von Agathas Romanen. Es ist die komplette Sammlung der Erstausgaben ihrer Bücher. Man schaut und schaut und verliert gleich den Überblick. Da passt etwas nicht zusammen. In den *Confessions* wird ihr die Frage vorgelegt: »Für wel-chen Fehler haben Sie die größte Nachsicht?« Agatha notiert: »Faulheit. Lügen«. Ein Blick in den Bücher-schrank überführt die Apologetin der Faulheit über-zeugend der Lüge.

Und wieder finden sich zahllose Sammlerstücke: Ein Wandsegment ist übervoll behangen mit so genannten »Stevengraphs«. Dies sind auf Seide gewebte Bilder, die im 19. Jahrhundert von dem in Coventry beheimateten Weber Thomas Stevens fabriziert wurden. Er benutzte dazu so genannte *Jacquard looms*, also Maschinen, die auf Lochkarten vorgegebene Muster weben konnten. Die Stevengraphs zeigen Turnierreiter im Sprung über Hindernisse, Jagdszenen mit gehetzten Pferden, aber auch Porträts. Solche Stickarbeiten ungefähr in DIN A4-Größe waren zu ihrer Zeit beliebte Sammelstücke. Diese Leidenschaft galt als kultiviert-exzentrisch und war wohl mehr eine Angelegenheit für Damen, die sich in diesem Hobby ausnahmsweise frei entfalten durften.

Als die deutsche Luftwaffe 1940 Coventry bombardierte, fiel ihr die Stevens-Fabrik zum Opfer und damit auch die Mustersammlung. Durch einen Glücksfall blieb jedoch ein einziges Musterbuch erhalten, was in den 1960er und 1970er Jahren zu einem Stevengraph-Revival führte. Während das britische Empire sukzessiv schrumpfte, erinnerten diese ländlichen Stickbilder nach viktorianischem Geschmack an britische Blütezeiten und Größe. Im Schwung einer allgemeinen Nostalgie kamen sie wieder in Mode, und sie wurden schnell zu Spekulationsobjekten.

Ursprünglich war dieser schlauchartige Raum Max' Ankleidezimmer. Das ausgestellte Mobiliar nebst Fax stammt eigentlich aus einem anderen Raum, den Schwiegersohn Anthony Hicks als Büro benutzt hatte und der heute in dem nicht öffentlichen Teil des Hauses liegt, der als Ferienwohnung zum Etat beitragen muss.

BIBLIOTHEK

Wieder im Erdgeschoss geleitet Julia uns in die Bibliothek. Bücherregale umstellen den Raum, im Zentrum stehen schwere Sessel und ein Tisch. Das Ensemble atmet Ruhe und Entspanntheit. In den weißen Wandregalen lagert eine bunte Mischung, die von Agatha auf Hüft- und von der nachfolgenden Generation auf Kopfhöhe aufgestapelt wurden. Soweit erkennbar stehen die Bücher so, wie sie ohne Absicht von Ordnung oder Zusammenhang einsortiert wurden. Sie zeigen vor allem eines: Agatha war ein Mensch, der sich wissensdurstig und furchtlos für alles Mögliche interessierte.

Da gibt es das *The Hospital Centenary Gift Book* von 1935, eine Anthologie, die aus Benefizgründen zusammengestellt wurde. Da stehen Hemingways *Der alte Mann und das Meer* und Defoes *Robinson Crusoe*. Offenbar hatte sie ein reges Interesse an einsamen Männern, die an abgelegenen Orten mit Gefahren ringen. Man fühlt sich gleich an ihre Kriminalromane erinnert, die auf Nildampfern und in Orientexpressen spielen oder auf dem Inselchen Burgh Island, dicht unter der Küste von Devon.

Ich sehe *The Adventures of Herr Baby* von Mary Molesworth, das Agatha als Kind schon bei ihrer Großmutter in Ealing gelesen hatte. Es erzählt die Reise eines Vierjährigen zusammen mit seiner Familie, auf der er erst verloren geht und später wiedergefunden wird.

Der *Larousse Gastronomique* wird persönliche Liebhabereien der Leserin bedient haben. *The Queens of*

England hingegen dürfte damals zum Bildungskanon eines jeden einigermaßen patriotischen Engländers gehört haben. Und Agatha hatte schon als kleines Mädchen gern Geschichtsbücher gelesen. Die *Encyclopedia of Costume* könnte wiederum bei der Auswahl von Kleidung der Romanfiguren geholfen haben. Für sich selbst scheint Agatha nicht viel in dem Band gefunden zu haben, sie erscheint auf den meisten Fotos zeitkonform, aber nachlässig gestylt.

The English Rock Gardens mochte für den Park von Greenway House Anregungen in Bezug auf Wegführungen und Steinsetzungen gegeben haben, ebenso wie wohl die *Natural History of Plants* bei der Bestimmung und Auswahl von Pflanzen hilfreich war.

Der Blick geht nach oben. Dicht unterhalb der Zimmerdecke verläuft auf allen vier Wänden ein Fries, den Lieutenant Marshall (Lincoln) Lee gemalt hat.

Gemalter Fries in der Bibliothek

Lee war ein Offizier der US Coast Guard, der in Greenway House untergebracht war. Die heutige Bibliothek war seinerzeit die Messe für die Offiziere, mit einer Bar in einem der Alkoven. Womit dieser Raum gleichsam zu seiner ursprünglichen Funktion zurückkehrte, denn in der ersten Bauversion war dies das Speisezimmer gewesen, bevor 1815 der Trakt mit dem heutigen Speisesaal angefügt wurde.

Der zwölfteilige Wandfries in kraftvollen schwarzweiß-blauen Farben schildert die Reise der Einheit von Key West/Florida auf den europäischen Kriegsschauplatz. Ein flatterndes Spruchband unter den einzelnen Szenen benennt die Orte, wo sie in aufschäumenden Wassern an Kämpfen teilgenommen hat: Licata auf Sizilien zum Beispiel oder Salerno oder Gibraltar. Im Uhrzeigersinn verläuft der *comic strip* die Wände entlang, bis über der Tür die Flottille den Dart erreicht. Fast idyllisch liegt hier eines der Landungsschiffe zwischen hoch aufstrebenden Hügeln, während am Ufer ein kleines Häuschen steht, das aussieht wie das Bootshaus von Greenway Estate. Was nicht dargestellt wird, ist der Einsatz am D-Day, dem 6. Juni 1944, als die Flottille an Omaha-Beach kämpfte.

Am Ende des Fries steht der zu erwartende Sieg – ikonogafiert in einer nackten, schmalhüftigen Pin-up-Blondine, einer Rita Hayworth ähnlichen Friedensgöttin mit Dauerwellen, die umflattert wird von geflügelten Engelchen, die für sie Harfe und Geige spielen. Da die siegreiche Nackte nicht im Stil der anderen Szenen gehalten ist (zum Beispiel fehlen die blauen Farbtöne), vermuten Experten, dass sie nicht von Marshall Lee selbst, sondern einem nachfolgenden Anonymus geschaffen wurde. Was im Umkehrschluss heißen dürfte, dass bei seiner Abreise die Position des Sieges noch offen war. Als der National Trust den Fries restaurieren ließ, wurde Marshall Lee um Rat gefragt, aber auch er konnte das Rätsel um die Siegesgöttin nicht lösen.

Als sich nach langem Gezerre Agatha und die britische Admiralität auf die erforderlichen Rückbauten und Renovierungen geeinigt hatten, bot man ihr an, auch den Fries in der Bibliothek zu übermalen. Aber sie bestand darauf, dass er erhalten blieb, weil er für sie ein Stück Geschichte bedeutete. Nach ihrer Erinnerung prangten über dem Kaminsims in der Bibliothek nach dem Abzug der Coast Guard zudem die Portraits von Winston Churchill, Theodor Roosevelt und Josef Stalin, die aber heute alle verschwunden sind.

Nach dem Sieg der Alliierten war Marshall Lee noch in mehreren Funktionen in Europa tätig. Mit seiner Rückkehr in das zivile Leben wurde er Professor für Design an der New York University. Als Grafiker gewann Lee mehrere Preise für seine Buchumschläge. Er blieb auch nach dem Krieg seiner früheren (unfreiwilligen) Gastgeberin verbunden, indem er die Einbände für mehrere amerikanische Ausgaben von Christie-Romanen gestaltete.

In ihrer Autobiografie, die 1965 abgeschlossen wurde, kann sich Agatha nicht an den Namen des Offiziers und Künstlers erinnern. Später hat sie ihn aber wohl in Erfahrung gebracht und Marshall Lee nach Greenway House eingeladen. Lee war es aber aus gesundheitlichen Gründen nicht möglich, die Reise anzutreten.

Aus der Bibliothek geht es nach rechts, wenige Schritte durch die Inner Hall, ins Speisezimmer, das die Eltons, die bis 1832 das Haus betrieben, angefügt haben. Ich werfe nur einen kurzen Blick hinein, denn ich habe das Privileg, an einem Essen im Speisezimmer teilnehmen zu dürfen, einige Tage später, am frühen Abend.

Eins nach dem anderen rollen die Fahrzeuge auf der langen, von Büschen und Bäumen gesäumten Vorfahrt an. Schwere Feuchtigkeit hängt in der Luft, von den Büschen tropft es. Die Hügel auf der anderen Seite des Dart sind nebelverhangen.

Am Eingang der Zufahrt war ein Posten aus dem Pförtnerhäuschen getreten und hatte unsere Berechtigung überprüft. Wir durften passieren. In einem weiten Bogen wurden Wirtschaftsgebäude umrundet, dann kam der Wagen auf dem knirschenden Kies vor dem säulengeschmückten Portal zum Stehen.

Das Haus, das von den Spenden des National Trust lebt, muss sich einen Teil seines Unterhalts selbst verdienen. Die Marke »Agatha Christie« hat sich an der gesamten englischen Riviera und insbesondere in Torquay unter tatkräftiger Mitarbeit der Tourismuswirtschaft zu einem so herausragenden Besuchermagnet entwickelt, dass jeder Anlass genutzt wird, um mit der berühmten Dame Geld zu verdienen. Um aber den Charakter des Anwesens als Museum nicht zu gefährden, sind dem National Trust gerade einmal elf Veranstaltungen pro Jahr gestattet – also Hochzeiten, Feiern oder spezielle Themenessen, wie wir nun eines besuchen. Das Menü dazu wird von einem Cateringservice geliefert, weil auch die Küche Teil des Museums und somit nicht nutzbar ist.

Wir kommen zusammen, um die erfolgreiche Autorin zu ehren: Mitte September 2018 hat das St. Martins Theatre im Londoner Westend bekannt gegeben, dass das Drama »Die Mausefalle« zum 27.500sten Mal über die Bühne gegangen ist. Damit ist es seit der Premiere am 6. Oktober 1952 das am längsten *en suite* gespielte Drama der Theatergeschichte. Allein das wäre ein guter Grund, an ihrem Geburtstag, dem 15. September, der vermutlich zählebigsten Theaterautorin zu gedenken.

Zurückhaltendes Gemurmel in der Halle. Die Situation ist so »*christie*«, wie sie nur sein kann: vierzehn Gäste in einem abgelegenen Landhaus, beunruhigender Nebel in den Bäumen und über den Wiesen, huschendes Personal im Hintergrund. Aus dem Drawing Room erklingt beruhigende Klaviermusik. Aber man bleibt misstrauisch. Flache Scherze machen die Runde – *Wen wird es wohl erwischen?*

Agatha nutzte ihr eigenes Haus als Schauplatz für mehrere Romane. In der Episode *Dead Man's Folly* (»Wiedersehen mit Mrs. Oliver«) ist Hercule Poirot auf Einladung von Mrs. Ariadne Oliver zu Besuch in einem Anwesen mit eben jenem Namen *Nasse House*, das unschwer als Greenway House zu identifizieren ist. Ariadne ist eine erfolgreiche Autorin von Kriminalromanen – unschwer zu erkennen als die Autorin höchstselbst –, die auf dem Anwesen des reichen Eigentümers George Stubbs ein Kriminalspiel inszenieren soll, eine Art Schnitzeljagd, um einen Mörder ausfindig zu machen.

Ariadne Oliver entwickelt die Handlung und legt die Hinweise aus; die Aufgabe ihres berühmten Freundes Hercule Poirot besteht darin, am Ende dem Sieger oder der Siegerin den Preis zu überreichen.

»Und Poirot folgte ihr durch eine Tür auf der linken Seite, die zuerst in einen kleinen, reizend möblierten Salon und dann in ein großes Wohnzimmer führte, das voller Leute war« – und geht durch bis zum Drawing Room, in dem auch wir gerade stehen. Im Drawing Room von Nasse House lernt Poirot den Besitzer, Sir George Stubbs, seine Gattin Hattie und noch weitere Personen kennen. Poirot sammelt erste Eindrücke. Man redet über Geld und weitere Nichtigkeiten, denn Stubbs dekorative Gemahlin wird als »etwas bedürftig im Oberstübchen« beschrieben.

In dem realen Raum stehen bis heute ein Kamin, davor eine U-förmige Polstergarnitur und ein Steinway-Flügel. Aus dem Steinway erklingt für uns die erwähnte beruhigende Musik. Agatha selbst hat auf diesem Flügel, der erst kürzlich nach Jahren der Vernachlässigung neu gestimmt wurde, gespielt. Sie war ausgebildete Konzertpianistin, litt allerdings unter unkontrollierbarem Lampenfieber, weshalb sie es vorzog, allein für sich zu spielen – immerhin traute sie sich dabei an Tschaikowsky und Rachmaninoff. Sobald aber jemand den Raum betrat, nahm sie stets die Finger von den Tasten.

Agatha hat einmal auf die Frage, wer sie denn sein wolle, wenn nicht sie selbst, geantwortet: »Eine Opernsängerin«. Am Ende wurde sie nur sie selbst, aber das Musikalische ist ihr immer geblieben. Nachdem sie in Paris einstmals den letzten Schliff als Pianistin bekommen hatte, traute sie sich sogar zu, einen Walzer zu schreiben. Er wurde nie veröffentlicht, aber jetzt in diesem Moment erklingt er von ihrem Flügel.

Uns umhüllen weiter perlende Pianopréludes, während wir zum Dining Room schlendern, zu Häppchen und Champagner. An der Tür hat sich eine Messingkobra aufgerichtet, die mit doppelter Zunge züngelt – beziehungsweise züngeln würde, hätte man ihr nicht seit Agathas Tagen einen Korken auf das zwiespältige Organ gedrückt, um die Strümpfe der Hausherrin vor Schaden zu bewahren.

Auf dunkelrotem Teppich beherrscht ein langer Mahagonitisch den Raum. »Das Abendbrot ist serviert, Mylady«, heißt es in »Wiedersehen mit Mrs. Oliver«. »Sie gingen ins Esszimmer. Auf dem langen Tisch brannten Kerzen, und der Raum war voller Schatten.«

Über dem Kamin hängt ein runder Spiegel, zu beiden Seiten der Feuerstelle stehen auf kniehohen Einfassungen in Seide gewebte Bilder, die Agathas Großmutter fabriziert hatte und die schon in Ashfield am Kamin gestanden hatten. An den Wänden hängen Porträts in massiven Rahmen. Ein aristokratisches Landhausgefühl stellt sich ein. Die Läden vor den bodentiefen Fenstern sind geschlossen, sodass der Blick nicht über die Bänke vor der Hausfront gleiten und weiter unten vielleicht noch den River Dart erahnen kann. Aus konservatorischen Gründen kann nicht geheizt werden, aber um den Gästen trotzdem ein wenig Wärme zukommen zu lassen, wurden die Fenster abgedeckt.

In der sesselbestandenen Bibliothek nebenan haben wir das konservatorische Problem erkennen können. Unter dem Fries des Marshall Lee hat der Putz

Blasen geworfen und droht nun, eine Episode des *Storyboards* abzusprengen.

Die Gäste des Abends sind erklärte Agatha-Christie-Fans und sitzen nun voller Stolz zusammen in ihrem Esszimmer. Agatha hatte hier ihren 60., 70. und 80. Geburtstag gefeiert. Uns erwartet nach Ansage des National Trust dieselbe Speisenfolge, die zu ihrem 80. Geburtstag gereicht wurde.

In den schon erwähnten *Confessions* von 1956 gibt Agatha unter der Rubrik Lieblingsspeisen und -getränke an:»Früchte – Hummer – Sahne – Roast Beef.« Diese Vorlieben scheinen ihr ein Leben lang geblieben zu sein. Auch ihren 70. Geburtstag feierte sie in Greenway mit einem großen Essen und jubelte danach in einem Brief:»Jede Menge scharfer Hummer zum Abendessen.« Ihr Alter schien ihr zu diesem Zeitpunkt keinerlei Probleme zu bereiten, sie habe es kaum gespürt, schreibt sie weiter:»Einer der Vorteile, 70 zu sein, besteht darin, dass es dich wirklich nicht mehr kümmert, was andere über dich sagen.« Dieser Gedanke dürfte sich zu ihrem Achtzigsten noch verstärkt haben.

An unserem Abend freuen wir uns auf Brixham-Krabben mit Avocado, Riesengarnelen mit einer Mousse von geräuchertem Lachs, selbstverständlich im Hauptgang die von Christie geschätzten Hummer mit Zitronen- und Dill-Mayonnaise, begleitet von neuen Kartoffeln. Zum Nachtisch Eiscreme und Brombeeren, wie damals. Agatha blieb auch zum 80. abstinent, aber für die anderen wurde Champagner gereicht.

Hinter uns auf einer Kommode finden wir in Weiß und Braun mit grünlichen Einsprengseln ein schimmerndes Porzellankamel mit zwei Höckern. Die buchhohe Plastik wird uns als eine chinesische Arbeit aus der Tang-Dynastie (618–906 v. Ch.) vorgestellt mit dem Hinweis, dass wir privilegiert seien, das Objekt sehen zu dürfen. Wenn Abendgäste kämen, würde das Tier sonst meist abgeräumt, weil sich immer wieder Besucher verführt sähen, dem Kamel etwas an die Höcker zu hängen.

Der Abend plätschert vor sich hin. Wir pflegen die zutiefst britische Kunst des *Smalltalk*. Die Plaudereien springen von Thema zu Thema. Welches Land ist der Lieblingsurlaubsort? Was geht am besten mit Hummer? Welche Christie-Romane hat man gelesen? Insgesamt erstaunlich wenige, es scheint, als seien der Ruf der früheren Bewohnerin und die Tatsache, dass man ihr Haus betreten kann, ein völlig ausreichendes Motiv, um viel Geld und eine lange Anreise zu investieren.

Beim Kaffee erschallt der Alarmruf. Die Hand mit der Tasse erstarrt sinnlos in der Bewegung. Der Kuchen auf dem Teller bleibt unangetastet: Die Taxis sind da! Taxis sind in dieser Abgeschiedenheit so aufregend wie eine Leiche im Wandschrank und erfordern sofortiges Handeln. Wir springen auf. Wir vergewissern uns, dass wir – anders als in ihren Romanen – vollzählig sind.

Draußen ist der Nebel der Nacht gewichen. Noch immer tropft es von den Büschen. »Es gelang Poirot zu entfliehen … Er verzog sich sofort auf sein Zimmer, wie er das dringende Bedürfnis hatte, etwas zu ruhen.«

GARTEN

Greenway House liegt in einem Park von der Größe eines repräsentativen Stadtgartens. Man kann gut und gern eine Stunde und länger gehen, ohne Gefahr zu laufen, seine eigenen Fußstapfen wiederzufinden.

Colin Clark ist ein großer, schlanker Mann, der sich offensichtlich viel in der freien Natur bewegt, ein hagerer Buschläufer. Seit 20 Jahren ist er der *Senior gardener* auf der Anlage von Greenway Estate. Er kennt das Gelände wie niemand sonst. Er hatte seinerzeit sogar die Stirn gehabt, Mrs. Rosalind Hick, Agathas Tochter, die Rosen auszureden, die sie unbedingt haben wollte. Er argumentierte, dass sich der Boden dafür nicht eigne, der Untergrund sei steinig, sauer oben am Hang, neutral in der Nähe des Flusses. Er hatte Recht behalten.

Die Historiker des National Trust haben eine Planzeichnung gefunden, durch die sie glauben belegen zu können, dass Greenway House mit dem großen Gartenarchitekten Humphry Repton in Verbindung steht, was die Bedeutung der Anlage einigermaßen aufwerten würde. Humphry Repton (1752–1818) ist eine Figur mit schillernder Biografie. Er war von seinem Vater zum Kaufmann ausersehen und dafür sogar nach Holland in die Lehre geschickt worden. Er hatte in dieser Zeit einiges von Europa gesehen, und so entwickelte Repton aus eigener Anschauung eine Leidenschaft für ein Leben in Luxus und Wohlstand – und für Gärten. Sein Problem war nur, dass er in seinem Brotberuf kein gutes Händchen hatte. Erst schaffte er es nicht, den Lebensstil zu finanzieren, den er für angemessen hielt. Dann schaffte er kaum noch einen Lebensstil. Er versuchte sich sogar als Karikaturist und Bühnenautor; nichts fruchtete.

Repton hatte bereits vier Kinder, die versorgt werden mussten, als er sich im Alter von 35 Jahren einem neuen Geschäft zuwandte: der Landschaftsgärtnerei. Er hatte einiges durch Beobachtung gelernt, besaß eine Geschicklichkeit im Zeichnen und Aquarellieren und genoss zudem das Glück des Anfängers, denn schon sein erster Entwurf für Catton Park bei Norwich wurde von Erfolg gekrönt. Repton wurde fortan, genau wie er geplant hatte, durch die englische Oberschicht gereicht und nahm schließlich den ehrenvollen Platz ein, der seit dem Tod des legendären Lancelot »Capability« Brown vakant gewesen war. Repton schaffte es, durch Rasenflächen, Terrassen und ungehinderte Ausblicke in die Landschaft die Parks hell und weit zu gestalten. Auch wenn viele die Handschrift Reptons im Garten von Greenway House selbst zu erkennen meinen, kann eine gültige Zuschreibung nicht erfolgen. Es fehlt dazu eine Zeichnung mit der Unterschrift des Gartenkünstlers.

Rund sechzehn Hektar Land umfasste Greenway Estate, als Agatha es erwarb. Agatha, erzählt Colin Clark, war darauf bedacht, nach und nach anliegende Grundstücke dazuzukaufen, um zu verhindern, dass sich der benachbarte Ort Galmpton in ihre Richtung ausdehnen könnte. Es handelte sich dabei um landwirtschaftliche Flächen, die sie dann an Bauern verpachtete. Sie selbst wollte keinen Ackerbau oder Feldarbeit betreiben über das Maß hinaus, das ihr die

Glashäuser und die Anpflanzungen für den Eigenbedarf der Bewohner und Angestellten erlaubten. Sie wollte vielmehr sicherstellen, dass die idyllische Ruhe ihres Landsitzes nicht gestört wurde. Galmpton blieb nichts anderes übrig, als sich in nord-südlicher Richtung auszudehnen.

Heute beläuft sich das gesamte Anwesen auf ungefähr 96 Hektar, davon allein acht Hektar Wald. Die Farm ist verpachtet und produziert im Wesentlichen Fleisch, obwohl zu Agathas Zeiten Milchwirtschaft (erinnert sei an die geliebte Devonshire Cream) Vorrang hatte. Dazu nimmt die Farm Aufgaben im Naturschutz wahr – sowohl das Farmgelände als auch die Heckenreihen, die die schmalen Wege einhegen, bilden ein Habitat für Vögel, die für ländliche Regionen typisch sind.

Ursprünglich, sagt Colin, sei der Park mehr eine Baumsammlung gewesen als ein Garten. Aus Reptons Periode stammen der alte Buchenbestand und der Kameliengarten. Eigentümer Caroyen wird die Ziereichen und einen Tulpenbaum hinzugefügt haben. Eigentümer Harvey wiederum, der die Treibhäuser baute, führte Akazien ein. Und die Eigentümerfamilie Bolitho, die die englische Tradition der Gartenliebhaberei in Reinkultur verkörperte, pflanzte unter anderem Zylinderputzer, Rhododendren und Silberbaumgewächse. Zwischen 1860 und 1890 seien besonders viele Bäume angepflanzt worden, sagt Colin. Auch Agathas Schwiegersohn habe eine Kollektion von Bäumen mit Migrationshintergrund angepflanzt. In der Tat gibt es eine Fotografie, auf der Agatha und Max oberhalb des Hauses auf weitem Rasen einen Hang ersteigen – der ist heute komplett zugewachsen. Heute sei man eher bemüht, die Bäume und Sträucher flach zu halten, sagt Colin. Und formuliert das vorherrschende Schmuckprinzip: Rund um das Haus werden Dahlien und andere leuchtende Blumen gepflanzt. Exotische Pflanzen finden ihren Platz an dem südlich ummauerten Garten, wo früher Beeren wuchsen.

Von verwunschener Schönheit ist der Farngarten, der schon im 18. Jahrhundert angelegt wurde: aufgestapelte Bruchsteine, von Farnen überzogen, massive Bäume, deren Wurzeln ebenfalls farnbedeckt sind, und ein gusseiserner Brunnen inmitten eines kleinen Teiches. Hier liegt zudem, kleiner Gruselfaktor, der Friedhof der Hunde, die zu den Familien der Mallowans und Hicks gehörten – all dies erzeugt eine angenehm schauerliche Harry-Potter-Atmosphäre.

Der Garten erstreckt sich in seiner Länge in nord-südlicher Ausdehnung am Ufer des Flusses Dart. Über die Jahrhunderte des Ausbaus hat es sich so ergeben, dass die Funktionsräume, die Ställe, der Tennisplatz und die ummauerten Gärten dicht um das Haupthaus gruppiert wurden, während weiter flussabwärts die eher stillen, isolierten, idyllischen Gartenbereiche angelegt wurden, darunter die Battery und das Bootshaus. Und mehr ins Land hinein zieht sich der *Top garden* und als herausgehobenes Unikat der *Kwan Yin Pond*, der Teich der Göttin.

Der National Trust besitzt ein *Plant Observation Center*, also eine eigene Baumschule, in der Pflanzen, die auf den zahlreichen Grundstücken heimisch sind, nachgezogen und mithin später ergänzt werden. Voller Begeisterung erzählt Colin von biologischen Forschungen und von Bäumen, deren Herkunft sich bis auf den ersten Vertreter dieser Spezies auf englischem

Boden zurückführen lässt. Eine hortikulturelle Besonderheit wächst nahe des Tennisplatzes. Es handelt sich um einen Rhododendron (*Rhododendron smithii*), der mit seinen gewaltigen Rümpfen aussieht wie ein schlangenumkränztes Medusenhaupt. Die Frage ist unbeantwortet, ob es sich um einen Stamm mit vielen Abzweigungen handelt oder um einzelne Pflanzen mit engem Nachbarschaftsleben.

Nahezu 100 Hektar machen viel Arbeit. Colin Clark ist Chef von vier festangestellten Gärtnern und circa 35 Freiwilligen, die in der Saison von Montag bis Freitag arbeiten. Der National Trust und Greenway House sind Profiteure der tief in der englischen Natur wurzelnden Freiwilligenkultur. Bei etwas Gemeinnützigem zu helfen, im Sportverein oder im Kulturleben, oder mit der Sammelbüchse durch Kneipen zu ziehen, um ein soziales Projekt zu unterstützen, scheint wesentlicher Bestandteil des englischen Gesellschaftslebens zu sein. Deshalb werkeln sie auch unentgeltlich in Greenway Garden.

Gelegentlich veranstaltet Colin eine Aktion, die er makaber *Blitz-day* nennt, in Erinnerung an die Überfälle der deutschen Bomber im Zweiten Weltkrieg. Dabei ziehen bis zu 60 Freiwillige durch den Park und entfernen, was unschön wuchert. Zwei oder drei Damen backen dazu größere Mengen von Kuchen, und dann wenden sich alle gegen den gemeinsamen Feind, das Unterholz. Um nur einige der Kampfzonen zu nennen: die Zufahrt, die Tennisanlage, der südliche und der nördliche ummauerte Garten, der obere Garten, die Pflanzung, der Kameliengarten und die langen, baumbestandenen Wege – und am Parkplatz ist auch zu tun.

BATTERY

Ich schlendere den langgestreckten Weg hinunter zur Battery. Die Battery besteht aus einem erhöhten Platcau mit einer dicken Schutzmauer gegen den Fluss, die von Schießscharten unterbrochen ist. Es liegen sogar noch zwei Vorderladerkanonen zwischen den Brustwehren. Eine Geschützstellung würde man selbst als Liebhaber efeugrüner Burgenromantik nicht unbedingt als Idylle ansehen, aber beruhigenderweise war diese Artillerieposition eine Drohgebärde ohne Folgen.

Auf einem Plan des Anwesens aus dem Jahr 1839 ist diese Stellung über dem Dart bereits eingezeichnet. Sie überblickt den Wasserlauf und den gegenüberliegenden Ort Dittisham. Es könnte sein, dass die Batterie gegen Ende des 18., Anfang des 19. Jahrhunderts erbaut wurde als Teil der Küstenbefestigung in den napoleonischen Kriegen. Nach 1815 wurde dieses Halbrund allerdings der Ruhe und Idylle gewidmet. Mörderisch wurde es hier erst, als Agatha 1942 beschloss, diesen Ort als Tatort für ihren Roman *Five little pigs* (»Das unvollendete Bildnis«) zu nutzen.

In dieser Episode muss Hercule Poirot einen 16 Jahre alten Mord aufklären. Die Tochter der vom Gericht überführten Täterin will beweisen, dass ihre Mutter, wie sie ihr in einem Brief geschrieben hat, nicht die Mörderin ist. Der besessene Maler und Frauenheld Amyas Crale war seinerzeit durch Gift ermordet worden. Diese Figur könnte sich auf ebenjenen ihrer jugendlichen Verehrer beziehen, den Agatha in späteren Jahren nicht mehr wiedersehen wollte, weil sich ihre Erscheinung seit der Zeit ihrer Schwärmerei ungünstig verändert hatte. Es gibt die Vermutung, auf ihn habe sich die Namenswahl bezogen. Nachzuweisen ist das nicht. Diese Verbindung wäre jedenfalls nicht schmeichelhaft, denn Maler Amyas ist ein außergewöhnlich ruppiger Egozentriker.

Das Anwesen, auf dem Amyas, der Maler, mit seiner Frau und ihren beiden Töchtern lebt, trägt den Namen »Alderbury« und lässt sich in seinen handlungsrelevanten Details unschwer auf Greenway House zurückführen. Der Tod tritt ein im so genannten »Wallgarten« – ein Platz, der das Meer überblickt, aber von einer massiven Mauer eingefasst ist. Die Mauer ist ein Bollwerk mit Zinnen und Schießscharten, und sogar kleine Kanonen sind dort aufgestellt. Dieser Rayon von Amyas Garten ist relativ plausibel als die Battery in Agathas Garten zu entschlüsseln. Hier malt Amyas die junge, verwegene Elsa, die sich ungeachtet des Altersunterschieds zwischen ihnen den Künstler auserwählt hat. Es erleichtert ihr die Sache, dass Amyas eine Form von Besessenheit für sie entwickelt, die er kaum kontrollieren kann. Elsa wähnt sich bereits auf dem Pfad zum Sieg, aber der Roman entwickelt sich in eine andere Richtung, denn im Wallgarten entfaltet das Schierlingsgift, einem Bier beigemischt, seine handlungsfördernde Wirkung. Amyas stirbt, und die Suche nach einem oder einer Schuldigen beginnt.

Der Schauplatz des Kriminalfalls ist räumlich eng abgegrenzt. Wie in einem Rorschach-Test liegen einander zwei Landgüter gegenüber, durch einen Fluss wie durch einen Papierfalz getrennt – oder verbunden, so wie Dittisham und Greenway House. Die Handlung entwickelt sich mal auf dem einen, mal auf dem anderen Ufer, in Handcross Manor wird von einem unbedarften Pflanzenfreund das Gift gemischt, auf Alderbury kommt es zum Einsatz.

Alderbury (Greenway House), das 16 Jahre vor Einsetzen der Romanhandlung Heim einer Künstlerfamilie und dann Schauplatz eines Verbrechens gewesen war, hat zu dem Zeitpunkt, da Hercule Poirot den alten Fall wieder aufrollt, das schlimmste aller denkbaren Schicksale erleiden müssen – den Abriss einmal ausgenommen: Aus dem großzügigen Herrensitz ist eine Jugendherberge geworden, nach Geschlechtern getrennt. Die Jungen nächtigen in kleinen Holzhütten auf der Rasenfläche, während die Mädchen in dem in viele Kammern unterteilten Haupthaus schlafen. Man muss sich diese Umnutzung eines einst prächtigen Anwesens als einen für die Autorin zutiefst schmerzhaften Alptraum ausmalen.

1938 hatte sie Greenway House erworben. Dann hatte Agatha es kriegsbedingt als Kinderheim vermietet, als die Beschlagnahmung durch die Admiralität noch nicht absehbar war. Sie wusste also, wovon sie schrieb, als sie 1942 ihren Roman veröffentlichte. Ihr Traumhaus dürfte unter dieser Fremdnutzung sichtlich seinen Charakter und seine emotionale Patina eingebüßt haben. Vielleicht hat sie, weil sie Greenway House so liebte, in einer fiktionalen Handlung einmal den möglichen Verlust ihres Traumhauses durchspielen wollen, so wie andere Autoren in ihren Romanen stellvertretend den Verlust geliebter Personen »erproben«, gleichsam, um in der Erzählung ihre Ängste zu bannen.

Kwan Yin Pond im Garten von Greenway House

Auf dem Weg von der Battery zum Bootshaus mache ich einen kleinen Schlenker am Kwan Yin Teich
vorbei. Es geht ein wenig hügelan in den Park hinein. Der Teich ist in eine Nische eingebaut und von
hohen, vermoosten Steinmauern eingefasst, die von
den umliegenden Sträuchern, Büschen und Farnen
überwuchert werden. Zusammen mit der Entengrütze
auf dem Wasser bietet der Teich das Bild eines Bühnenprospekts in vielen Farben »Grün«. Im Zentrum

der Bühne, auf einem kleinen Inselchen inmitten des Teiches, steht Kwan Yin, die japanische Göttin des Erbarmens. Die Hände in ritueller Pose erhoben, den Kopf milde zur Seite geneigt, ist die Statue das Zentrum dieses intimen Gartenbereichs. Die Geschichte der Statue erzählt davon, dass der Sohn des Drachenkönigs, der sich in einen Fisch verwandelt hatte, gefangen und zum Markt getragen wurde. Die Menschen dort merkten, dass es etwas Besonderes mit dem Fisch auf sich hatte und gierten danach, ihn zu kaufen und zu verspeisen. In diesem Moment schritt die erbarmungsvolle Kwan Yin ein und rettete den jammervoll rufenden Drachenkönigssohn in Fischgestalt vor der Bratpfanne. Wer in einer unangemessenen Rolle auftritt – lehrt uns die buddhistische Gottheit mit dem wissenden Lächeln, muss auf Probleme gefasst sein.

Die Statue wurde von Agathas Tochter und ihrem Mann aufgestellt, geschaffen wurde sie von dem englischen Bildhauer Nicholas Dimbleby.

BOOTSHAUS

Weiter geht es zum Bootshaus, das sich über den Dart erhebt. In »Wiedersehen mit Mrs. Oliver« kommt in einem solchen Gebäude eine junge Frau zu Tode. »Es war ein malerisches Häuschen mit einem Strohdach und einem Vorsprung, der über den Fluss hinausragte.«

Das Strohdach existiert nicht in der Wirklichkeit, der Sockel und das Erdgeschoss des realen Bootshauses sind in braune und schwarze Bruchsteine gefasst, das obere Stockwerk ist mit weißem Putz überzogen. Zum Fluss hin erweitert sich die obere Etage über die gesamte Breite des Hauses hinweg zu einem vorspringenden Balkon, verkleidet mit Holzschindeln, die durch das Wetter grau verwittert sind.

Vermutlich war die Grundstruktur des Bootshauses schon im 16. Jahrhundert von den Gilberts angelegt worden, um Vorräte zu lagern. Der Flussbereich vor dem Bootshaus war mit circa 15 Metern vergleichsweise tief und eignete sich als Ankerplatz für größere Schiffe, was später die Landungsboote der 10. Flotilla nutzten, die von hier zu Übungen in Vorbereitung der D-Day-Landung ausliefen. Zu ihrer Zeit konnten die Gilberts von den Liegeplätzen am Bootshaus aus Güter flussabwärts nach Dartmouth und Kingsway verschiffen oder flussaufwärts nach Totnes. Das Bootshaus war in seinen Anfängen also eine logistische Drehscheibe.

In seiner gegenwärtigen zweigeschossigen Ausführung stammt das Bootshaus aus dem Übergang von der georgianischen zur viktorianischen Epoche. Man sieht es nicht mehr oft: ein Bootshaus zusammen mit einem kleinen Schwimmbecken im Untergeschoss. Das Becken mit sehr kurzen Bahnen wurde schon in Aufzeichnungen von 1839 erwähnt. Es hat eine Verbindung zum Fluss, der auf dieser Höhe von der Tide beeinflusst ist, und lief also mit salzhaltigem Wasser voll. Zu dieser Zeit kam der Gedanke auf, dass das Baden in Salzwasser positive Wirkungen auf die Gesundheit haben würde.

Das Obergeschoss verfügt über zwei Feuerstellen und ein wenig Mobiliar. Hier müssen Mrs. Oliver und Hercule Poirot entdecken, dass jenes 14-jährige

Mädchen, das in Mrs. Olivers Mörderspiel die Leiche darstellen sollte, in der Tat und ganz gegen Mrs. Olivers Plan ermordet wurde. »Was Sie erwartet haben, ist geschehen, Madame«, konstatiert Poirot.

Ich stehe auf dem Balkon, an meiner Seite eine der freiwillig arbeitenden Damen, die ein Auge auf die Umtriebe des Publikums haben, und werde freundlich von ihr am Ärmel gezupft. Sie deutet auf das Wasser hinaus und flüstert: »Da ist sie, da ist sie!« Ich sehe ungefähr in der Mitte des Flusses eine kleine Felsspitze mit einer Leuchtbarke und zu deren Füßen etwas Undeutlich-Dunkles. Die Dame reicht mir ein Fernglas, und ich erkenne eine Robbe. Später werde ich lesen, dass diese Robbe unbeeindruckt vom umgebenden Bootsverkehr auf dem Felsen sesshaft und weithin bekannt ist.

Auf dieser Etage mit Blick über das Wasser feierte Agatha Partys und Grillabende. Vielleicht stammt auch von ihr das hölzerne Schild mit der Warnung, dass alle Personen, die an dieser Stelle anlanden oder durch die Wälder laufen, verfolgt werden. Unterschrift: BY ORDER. Der Hinweis war wohl nötig, wie uns die wiederkehrende Empörung deutlich macht, die in »Wiedersehen mit Mrs. Oliver« die ausländischen Wanderer aus der Jugendherberge trifft, die in kontinentaler Missachtung des englischen Konzeptes von Privateigentum über das Besitztum stapfen.

Auf dem Wasser sehe ich auch das Ausflugsschiff, das von Dartmouth zur Anlegestelle fährt. Und ich erinnere mich, dass in »Wiedersehen mit Mrs. Oliver« ein Polizist genau dieses Schiff benutzt, um herauszufinden, ob zufällige Beobachter von Deck aus den Mord hätten sehen können. Es ist erstaunlich, wie

unerschrocken Agatha Christie ihren Lieblingswohn-
sitz, ihr Traumhaus, als Schauplatz von Verbrechen
hergab. Hat sie nie Angst gehabt, selbst Opfer eines
Verbrechens zu werden, wenn es regnete, der Park im
Stockdunkeln lag und mögliche Hilfe weit entfernt
war?

BURGH ISLAND

1939, ein Jahr, nachdem sie Greenway
House gekauft hatte, veröffentlichte Aga-
tha Christie den Roman *And then there were none* (»Und
dann gab's keines mehr«). Dabei handelte es sich um
keine Poirot- oder Miss Marple-Episode, sondern um
einen Thriller außerhalb ihrer normierten Serien, jedenfalls soweit es die Protagonisten betrifft. Acht Personen werden in dieser Geschichte auf eine Insel vor
der Küste von Devon eingeladen. Dort werden sie von
einem Dienerehepaar versorgt, das erst kurz zuvor
über eine Agentur angestellt und auf die Insel beordert wurde. Alle im Hotel sind einander fremd. Und
wer ist der Gastgeber? Kommt er, kommt er nicht? Seine Einladungsschreiben waren unterzeichnet mit U. N.
Owen. Spricht man den Namen etwas vernuschelt aus,
wird daraus *unknown* – unbekannt.

Eine furchterregende Serie von Morden setzt ein. Es
gibt keine Verbindung zum Festland, also auch keine
Chance für die Bedrängten, Hilfe zu rufen. Ein Gast
nach dem anderen stirbt, ob durch Gift, durch Schlaf-
mittel, durch eine Kugel oder einen Beilhieb in

die Schädeldecke. Es ist, als werde die gesamte Gäs-
teliste plus Personal von einem pedantischen Mörder
abgearbeitet.

Die Geschichte nutzt perfekt die klaustrophobische
Grundkonstellation für alle Landhaus-, Eisenbahn-
und Luxusdampfermorde mit den klassischen Kompo-
nenten: räumliche Enge, schlechtes Wetter und böse
Motive, dazu ein Roulette gegenseitigen Misstrauens
mit wechselnden Verdächtigen und Koalitionen – es
ist ein Horror im Art-Déco-Stil. Als nach dem Abklin-
gen eines Sturms die Insel wieder von außen angelau-
fen werden kann, findet man zehn Tote, anscheinend
alle gegen ihr Einverständnis getötet. Und niemanden
sonst auf der Insel. Auch der Mörder selbst, wer auch
immer es gewesen sein mag, muss tot unter den Toten
liegen.

Agatha verbindet eine soziale Situation mit einer
räumlichen Zwangslage. Zehn Menschen werden
auf *Soldier Island* isoliert. Jeder von ihnen hat ein
dunkles Geheimnis, weil jeder von ihnen eine Ge-
walttat oder mehrere verübt hat. Ihnen allen ist gemeinsam, dass sie durch die konventionelle Justiz
nicht belangt werden können. Sie würden ungestraft
davonkommen, gäbe es nicht einen Rächer, der die
Gerechtigkeit inklusive finaler Bestrafung in seine
eigene Hand nehmen würde. Die Frage lautet: Darf
man das Recht und womöglich auch gleich die Stra-
fe in die eigene Hand nehmen, wenn der Täter sonst
durch Mängel oder Fehler des Justizsystems unbe-
straft bliebe? Oder muss man dies tatenlos hinneh-
men? Die Person, die Gerechtigkeit schaffen will, hat
lange, bevor die handelnden Personen auf der Insel
eintreffen, ihre Wahl zwischen der moralisch frag-

würdigen Option der Selbsthilfe oder frustrierender Passivität getroffen. In der Tat bleibt die Mordserie durch ihren raffinierten Aufbau für die Polizei unerklärbar, bis den Ermittlern eine zufällig aufgefischte Flaschenpost zugespielt wird. Das Schreiben darin stammt von dem Täter, einem ehemaligen Richter, der nach eigenem Gutdünken die Defizite des Rechtssystems, dem er einmal gedient hatte, ausgeglichen hat. Um die Ruchlosigkeit seines Handelns zu betonen, hat die Autorin aus dem Rächer einen Mann beständig schwelender Mordlust gemacht, der seinen Einsatz für die Gerechtigkeit nur benutzt, um seine Freude an theatralischen, gut kalkulierten Morden zu bemänteln.

In ihrem Vorwort zu ihrem Buch notiert Agatha Christie: »Ich habe dieses Buch geschrieben, weil es so schwer war. Die Idee hatte mich fasziniert. Zehn Menschen mussten sterben, ohne dass es lächerlich wurde oder der Mörder zu leicht zu erkennen war. Nachdem ich viel Arbeit in die Planung gesteckt hatte, schrieb ich das Buch. Und mir hat gefallen, was ich daraus gemacht hatte. Es war klar, geradeheraus, überraschend und hatte eine ganz und gar vernünftige Auflösung; in der Tat brauchte es einen Epilog, um die Sache aufzuklären. Es wurde gut angenommen und rezensiert, aber die Person, die insbesondere daran ihren Spaß hatte, war ich selbst, weil ich besser als jeder Kritiker wusste, wie schwierig es gewesen war.« (*And then there were none*, Vorwort) All diesen Schwierigkeiten zum Trotz soll dieses Buch mehr als 100 Millionen Mal verkauft worden sein, dieser Roman gilt als der erfolgreichste »Christie«.

Noch herrscht Ebbe. Wir verlassen die große britische Insel und gehen auf dem Grund des Meeres zur vorgelagerten, kleineren, exklusiveren Insel. Wir schlendern über feuchten, aber trittfesten Sand, weichen gelegentlichen Restpfützen der letzten Flut aus, die auf die kommende Flut warten, um sich wieder so richtig atlantik fühlen zu können, und erklimmen auf einer gefälligen Rampe festen Boden. Die Mühen der Ebenen liegen hinter uns, vor uns erheben sich die Anhöhen des Luxus: Burgh Island – das Soldier Island des Romans.

Wäre nicht der Fußweg bei Ebbe, so gäbe es ersatzweise ein Fahrzeug, das *The Tractor* genannt wird. Der *Tractor* ist ein Gefährt mit einem überdachten Oberdeck (vulgo: einer Plattform mit Geländer) auf vier Stelzenbeinen, die auf breiten Reifen stehen. So kann man auch bei hohem Wasserstand (und einigermaßen ruhiger Oberfläche) zwischen Insel und Festland verkehren. Der aktuelle *Tractor* im Übrigen, der dritte in einer Reihe eigenwilliger Seefahrzeuge, soll von einem Pionier der Atomindustrie entworfen worden sein, der sich dafür mit Champagner entlohnen ließ. Bei Ebbe, wenn der *Tractor* ruht, kann sich die Klientel, die mit ihren Koffern nicht über das Watt laufen mag, auch von Geländewagen vor die Rezeption des Hotels fahren lassen.

Entdeckt und entwickelt wurde Burgh Island von Archie Nettlefold, genannt »Onkel«. Nettlefold hatte ein recht tragfähiges Vermögen geerbt, das nicht zuletzt durch Munitionshandel im Ersten Weltkrieg zustande gekommen war. Sein Geld investierte Nettlefold in Theater- und Filmproduktionen mit eigenem Studio. Gelegentlich reichte ihm dieser Reiz des Risikos nicht, dann investierte er zum Beispiel in Expeditionen auf den Mount Everest. Ende der 1920er Jahre beschloss

»Onkel« Archie, sich ein Inselchen zu kaufen, auf dem er seinen Reichtum in Luxus genießen konnte.

Burgh Island, das noch wenige Jahre zuvor Borough Island geheißen hatte, war das Objekt seiner Wahl. Hier sollen schon die Kelten mit Partnern aus dem Mittelmeerraum Zinn gehandelt haben. Auf dem Inselchen dicht vor der Küste von Süd-Devon ließ sich »Onkel« ein Haus bauen, wie es heißt, »in einem eklektischen Stil«. Formuliert in einfacher Sprache soll der Entwurf eher »ein Durcheinander« gewesen sein, aber »auf charmante Weise englisch«. Dicht unter der Küste von Devon entstand mithin ein Spielplatz für Träumer, Urlauber, Edel-Robinsons und für Menschen, die Diskretion zu schätzen wussten.

»Onkel« Archie umgab sich Ende der 1920er Jahre, als der Charleston modern war, mit Freunden aus dem Film- und Unterhaltungsgeschäft. Drei Jahre später war ihm klar geworden, dass seine glamourösen Freunde sich schamlos von ihm aushalten ließen. Fortan verzichtete Nettlefold auf seine nutzlosen Sternchen und baute seine private Lust- und Freudenvilla zu einem richtigen Hotel um. Er erweiterte das Haus um einen zusätzlichen Flügel und den noch heute spektakulären Ballsaal. Dazu kam ein Palmenhof, ein abgerundeter Raum auf dreieckigem Grundriss, überwölbt von einer hohen Glaskuppel. Gleichzeitig wurden die schon bestehenden Räume umgebaut, bis beispielsweise der Hotelflur im ersten Stock aussah wie der Gang eines Luxusliners. Auch die Zimmer sind wie Kabinen, die nach steuerbord (Blick auf die Küste) oder backbord (Blick auf die Insel) abgehen.

Die Gästeschar war erlesen: Theaterautor Noel Coward war dabei. Oscar Deutsche, der die ODEON-

Kinos gegründet hatte. ODEON war die Abkürzung für »Oscar Deutsche Entertains Our Nation«. Die solchermaßen unterhaltene Nation selbst wurde durch ihren obersten Partylöwen vertreten, Prinz Edward, dem König im Wartestand. Seine umstrittene Geliebte war Wallis Simpson mit anrüchiger, von Männern kontaminierter Vergangenheit und Gegenwart. Sie feierten wilde Partys, stets beflissen unterstützt von Major Edward Dudley Metcalfe, genannt »Fruity«. Fruity war Prinz Edwards Quartiermeister, ein Mann, der besorgte, was gebraucht wurde, und der diskret aufräumte, was immer an Unordnung hinterlassen wurde – und sei es die Ehe eines betrogenen Gatten. Nach ihm ist heute eines der luxuriösen Zimmer benannt.

Burgh Island Bar

Prinz Edward wurde König, warf aber wenige Monate später das Zepter hin, als die Nation forderte, er müsse seiner Geliebten entsagen, was Edward mit großer Geste von sich wies. Sein Bruder übernahm 1936 den Thron und wurde als Georg VI. gekrönt.

Gelegentlich tobte auch Lady Nancy Cunard über die Insel. Sie war ein ganz anderes Kaliber als der Thronanwärter und spätere Nazifreund Edward. Nancy Cunard war reich aus dem Vermögen der *Cunard Line*, einer der führenden Reedereien zwischen Europa und den USA. Nancy fühlte sich nicht geschaffen für das Leben eines nutzlosen Snobs. Ihr Herz schlug links. Sie war feministisch, antirassistisch, exzentrisch und aufrührerisch auf diese besonders kultivierte Art, die man am besten in Paris auslebte. Sie heiratete, ließ sich wieder scheiden, trank zu viel und hatte Affären mit vermutlich den meisten der in der Pariser Szene tonangebenden Künstler. Dazu gehörten der dystopische Aldous Huxley, Ernest Hemingway mit der kräftigen Faust, der spillerige James Joyce, der lyrische William Carlos Williams et alii. Mit ihrem zunächst noch reichlich vorhandenen Geld verlegte Nancy in Frankreich die literarische Moderne. Zudem unterstützte sie die Opfer des Spanischen Bürgerkriegs und schrieb Artikel gegen den Faschismus.

Agatha Christie und Inselvogt Archibald Nettlefold kannten sich aus beruflichen Zusammenhängen von den Londoner Bühnen, wo Archie in Dramen investierte und Agatha Erfolgsstücke lieferte. Zu geselligen Zwecken wurde Christie auf die Insel eingeladen, mit der absehbaren Folge, dass die Autorin diesen außerordentlichen Schauplatz mit Leichen belebte.

Man kann davon ausgehen, dass sie sich die mondänen Gäste und Touristen auf Burgh Island genau angesehen und ihre Wahl getroffen hat – wer ist die Gute, wer ist der Böse. Zudem haben Haus und Landschaft in Luxus und Abgeschlossenheit sie sicherlich inspiriert.

In dem Roman »Und dann gab's keines mehr« firmiert die Insel unter dem Namen *Soldier Island* und wird dem Besitz eines amerikanischen Millionärs zugeschrieben, der ein Segelliebhaber gewesen war und ein »luxuriöses modernes Haus« erbaut hatte. Seine dritte Frau mochte indes die Segelei nicht, und so wurde das Haus verkauft. Dann landete es bei einem Filmsternchen aus Hollywood, das hier Zeit verbringen wollte, ohne von der Öffentlichkeit belästigt zu werden. Aber es gab auch das Gerücht, *Soldier Island* sei von der Admiralität erworben worden, um einige strenge geheime Experimente durchzuführen. All diese Attribute umweben *Soldier Island* mit einem Schleier des Exzentrischen, des Geheimnisvollen, des Gefährlichen.

1941 kehrte Christie für *Evil under the Sun* (»Das Böse unter der Sonne«) zurück auf Burgh Island. Diesmal war es ein Poirot-Roman. Der Schauplatz war einfach zu ergiebig, als dass sie ihn nach nur einem Roman hätte aufgeben mögen. Allerdings hatte sie nun einen betonierten Pfad zwischen Insel und Festland gelegt, sodass die Abgeschiedenheit des Romanpersonals ein wenig gelockert wurde. Für Agatha Christie hatte man etwas unterhalb des Hotels, dicht über dem Wasser, ein Schriftstellerrefugium eingerichtet, wo sie an ihren Romanen arbeiten konnte. Das Häuschen wurde 2002 umgebaut als Unterkunft für die damaligen Besitzer von Burgh Island und 2008 ein weiteres Mal, um nunmehr als »Beach House« über das Hotel vermietet zu werden. Die ursprüngliche Struktur der Hütte, die Agatha bewohnte, ist kaum noch zu erahnen.

Dafür gibt es im Hotel selbst ein Agatha-Christie-Themenzimmer. Die Stoffe sind in zwei Tönen grün, die Möbel im Stil der 1930er gehalten mit der besonderen Kombination aus gerader Linie und weichem Schwung. Der Frisiertisch steht vor einem Spiegel, der einer sich öffnenden Tulpe gleicht. Die Kanten des Sessels davor sind harmonisch abgerundet. Spektakulär ist das Badezimmer, das größer ist als der Schlafraum. Man musste viel unterbringen: eine freistehende Wanne unter dem Porträt von Agatha und Max, ihr gegenüber ein zweisitziges Sofa und ein Sessel, sicherlich um den Badenden Gesellschaft leisten zu können sowie eine freistehende Toilette mit ausreichend Raum zu verdauungsfördernder Bewegung und dann noch zwei Wäscheschränke aus hellem, gemasertem Nussbaumholz mit schwarz abgesetzten Kanten. Eine durchgehende Fenstertür auf der Balkonseite gibt den Blick auf Baum und Meer frei, ein wandfüllender Spiegel auf der anderen Seite reflektiert diese Szenerie. Es fällt leicht, sich in diesen Räumen gute wohlhabende ebenso wie böse wohlhabende Menschen vorzustellen: elegant, bewaffnet. Schwarze Absichten unter weißer Hemdbrust.

QUEEN OF CRIME

In Greenway House steht ein unscheinbares 5oer-Jahre-Transistorradio. Es ist eine Attrappe und gibt auf Knopfdruck einen speziellen Ausschnitt aus einem Interview preis. Agatha, mit leicht näselnder Stimme, ungefähr wie Queen Elisabeth II. in vorgerücktem Alter, erklärt:

»Die Leute wollen immer wissen, nach welcher Methode ich arbeite. Die enttäuschende Wahrheit ist, da ist nicht viel von einer Methode. Ich tippe meine Texte auf einer zuverlässigen Maschine, die ich schon seit Jahren habe. Und ich benutze ein Diktiergerät für Kurzgeschichten oder um einen Akt in einem Stück umzuschreiben, aber nicht für komplexere Aufgaben wie die, einen Roman zu schreiben. Ich glaube, die eigentliche Arbeit liegt darin, die Entwicklung der Geschichte auszuarbeiten und so lange hin und her zu wälzen, bis es richtig auskommt. Das kann einige Zeit dauern, und dann, wenn man seinen Stoff beisammenhat, bleibt eines übrig: Man muss nur noch die Zeit finden, das Ding zu schreiben.« Wie leicht das klingt: »Man muss nur noch die Zeit finden, das Ding zu schreiben!«

In dem Roman »Wiedersehen mit Mrs. Oliver« tritt Agatha Christie wie gesagt in der Figur der Ariadne Oliver als sie selbst auf. Als Leser ihrer Romane, die ja im Regelfall nicht eben mit humorvollen Einlagen oder witzigen Aperçus glänzen, spürt man hier ein überraschendes, auch ironisches Vergnügen darin, wie die Autorin sich selbst und ihre Profession beschreibt. Denn selbst in ihrer eigenen Verkörperung als Kriminalschriftstellerin Ariadne Oliver kann Agatha Christie mit keiner tiefgründigeren Methodentheorie aufwarten. Mrs. Oliver ist an einer Stelle froh, sich davor drücken zu können, einen Vortrag als Autorin halten zu müssen. »Ich hätte mich lächerlich gemacht, denn was kann man eigentlich darüber sagen. Wie man ein Buch schreibt? Zuerst muss einem etwas einfallen, und danach muss man sich dazu zwingen, sich hinzusetzen und es aufzuschreiben, das ist alles.«

Im Verlauf des Romans gibt Mrs. Oliver einige fast schalkhaft hingeworfene Proben ihres kreativen Arbeitens. »Mir fällt es niemals schwer, mir Dinge auszudenken … Mein Unglück ist, dass mir zu viel einfällt; dann wird alles zu kompliziert«, plaudert sie, während sie einen steilen Zickzackweg hinaufgeht, Richtung Kwan-Yin-Teich.

Eine Kostprobe ihrer überbordenden Imaginationskraft gibt sie etwas später im Roman. Mrs. Oliver wird als Zeugin vernommen bezüglich der Frage, warum jemand den Mord an dem armen Mädchen im Bootshaus begangen haben könnte. Sie schlägt dem ermittelnden Kommissar – »es ist mein Unglück, dass ich eine so lebhafte Phantasie besitze« – in einer derart rasanten Folge so viele verschiedene Szenarien und Motive vor, dass diesem ganz schwindelig wird. Agatha Christie war sehr daran gelegen, handwerklich sauber die Handlung aufzubauen. Sie legte Wert darauf, die Doppeldeutigkeiten so geschickt zu arrangieren, dass sie den Leser zuverlässig verwirrten. Sie streute Hinweise, die zum Nachdenken anregen, aber möglichst nicht zur Lösung führen sollten. Nicht immer hat die Kritik die Umsetzung belobigt – gelegentlich gab es harsche Urteile über ihren Handlungsaufbau. Ihr

Kollege Raymond Chandler etwa schrieb in amerikanischer Direktheit über ein Handlungsdetail in »Mord im Orient-Express«: »Nur ein Halbidiot könnte auf diesen Einfall kommen.«

Eine Millionen zählende Leserschaft war weniger kritisch. Die Autorin konnte sich auf sie verlassen. Ihre Alter Ego Ariadne Oliver jedenfalls hat die Nachsicht des Publikums gleich mit eingepreist. Wie sie im Gespräch mit Hercule Poirot einräumt, seien bei der Planung nicht immer alle Einzelheiten vorhanden und an ihrem richtigen Platz: »›Der verhängnisvolle Fehler, was?‹, bemerkte er. ›Sehr richtig, den macht man immer‹, erwiderte Mrs. Oliver. ›Manchmal realisiert man es erst, wenn das Buch bereits im Druck ist, und dann leidet man Höllenqualen.‹ Ihre Empfindungen spiegelten sich auf ihrem Gesicht wider, und sie seufzte tief. ›Sonderbarerweise bemerken es die meisten Leute gar nicht. Ich sage mir: Natürlich wäre es der Köchin aufgefallen, dass zwei der Koteletts nicht gegessen wurden … aber kein anderer zerbricht sich darüber den Kopf.‹«

Die Autorenweisheit, dass man für sich schreibe, aber für das Publikum umschreibe, formuliert Christie in ihrer Autobiografie in einem Rat an angehende Kolleginnen und Kollegen folgendermaßen: »Du kannst schreiben, was dir Spaß macht, und die Länge selbst bestimmen, aber du wirst dich aller Voraussicht nach mit dem Vergnügen, die Geschichte geschrieben zu haben, begnügen müssen. Man sollte sich nicht mit der Überzeugung an die Schreibmaschine setzen, ein gottbegnadetes Genie zu sein – das sind nur wenige. Nein, man ist Handwerker – ein Handwerker, der eine gute ehrliche Arbeit leistet.«

Und ein Handwerker lässt kein Material liegen. Als in
»Wiedersehen mit Mrs. Oliver« am Ende der Mädchen-
mord im Bootshaus aufgeklärt ist, gesteht Mrs. Oliver
ihrem Freund Poirot, dass es ihr schon durch den Kopf
gegangen sei, diese Erlebnisse in Nasse House für einen ihrer Romane zu verwenden, es wäre zu schade,
sie nicht zu nutzen. »Es mag an dieser Stelle erwähnt
werden, dass Hercule Poirot drei Jahre später einen
Roman von Ariadne Oliver las: ›Die Frau im Walde‹,
und sich wunderte, warum ihm einige der Personen
und der Ereignisse irgendwie bekannt vorkamen.«

Die »Queen of Crime« hat, was sie glaubte, gut nutzen zu können – ob Schauplatz, Lösungstechnik oder
Gift –, gern mehrfach verwendet. Wenn man penibel
ist, lässt sich die Technik der Wiederverwertung bis in
einzelne Sätze hinein verfolgen.

Was einmal gut war, bleibt auch beim zweiten Mal
gut. Und wer viel schreibt, kann nicht dauernd Neues
erfinden. Es gibt unterschiedliche Äußerungen über
ihr Leben als Autorin. Einerseits notiert sie zu einer
bestimmten Phase ihres Lebens, dass sie ihrer schriftstellerischen Arbeit immer professioneller »und daher
mit stets geringerer Begeisterung nachging« und dass
sie nun immer gleichzeitig an zwei Romanen arbeitete,
weil es ihr mit einem allein zu langweilig geworden sei.

Andererseits ist ihre Biografin Laura Thompson
überzeugt: »Agatha war insgeheim sehr stolz darauf,
dieses wunderbare Haus mit eigenen Mitteln gekauft
zu haben. Und doch blieb sie immer fasziniert von
Menschen, die nichts kaufen mussten, die nicht zu arbeiten hatten, die sich nie änderten, nie an sich zwei-
felten.« Dahinter mag das mentale Erbe ihres Gentle-
manvaters stehen. So räumte Agatha 1964 in einem

Interview ein: »Ich verstehe nicht, was an der Arbeit moralisch richtig sein soll. Mein Vater war ein Gentleman und machte sich sein Leben lang nie die Hände schmutzig, und doch war er ein höchst angenehmer Mensch.«

Aber wie kann man dann den enormen Ausstoß erklären? Nach Zählung von John Curran verfasste und veröffentlichte sie im Jahr 1934 vier Kriminalromane und einen Mary-Westmacott-Roman. Das war ihr Pseudonym, unter dem sie zwischen 1930 und 1956 sechs Bücher schrieb, die nicht ins Krimispektrum fielen. Damit hat sie in einem Jahr mehr verfasst als der Durchschnittskonsument, der arbeiten muss und nur in seiner Freizeit lesen darf, für gewöhnlich bewältigen kann.

Schon allein die Vielzahl von erdachten und lebenden Figuren, die sie beschrieben hat, angefangen mit dem Gespann Poirot/Hastings, Miss Marple, den Detektiven Tommy und Tuppence bis zu den Gestalten ihrer Romane als Mary Westmacott, dazu ihre Gedichte, Kurzgeschichten, Theaterstücke, die autobiografischen Texte sind beachtlich. Sie war eine Gattungsstreunerin und äußerst erfolgreich in allen Genres, die sie sich vorgenommen hatte.

John Curran hat wohl recht, wenn er schreibt: »Und dieser bemerkenswerte Ausstoß ist auch ein Faktor bei ihrem anhaltenden Erfolg. Man kann ungefähr sieben Jahre lang jeden Monat einen anderen Titel von Christie lesen und dann wieder von vorn anfangen in der Gewissheit, die ersten schon wieder vergessen zu haben.« Christies außerordentlicher Fleiß veranlasste den *Spiegel* bereits 1956 zu der Bemerkung, man sei sich in der literarischen Welt darüber einig, dass seit

Lucrezia Borgia keine Frau einen derartigen Gewinn aus Morden gezogen habe. Gleiches gilt für ihre Erben, die auf mehr als 100 Millionen verkaufte Exemplare blicken können.

Morgen früh werden es noch mehr sein.

****

Mit röhrendem Motor bringt mich der alte Bus zurück nach Torquay beziehungsweise St. Loo, jenem kleinen Badeort, im dem 1932 Hercule Poirot einen Mordanschlag und einen Mord aufklärte.

»Poirot deutete mit der Hand auf sie. ›Voila‹, verkündete er. ›Darf ich vorstellen? Hier ist K! Mademoiselle Nick selbst hat ihre Cousine Maggie Buckley erschossen.‹ ›Sind Sie verrückt geworden?‹, rief Nick dazwischen. ›Warum sollte ich Maggie umbringen?‹ ›Um das Vermögen zu erben, das Michael Seton ihr hinterlassen hatte.‹«

Damit ist es dann wohl klar – Hercule Poirot, der Eitle, der Selbstgefällige, hat nach Irrungen und Wirrungen wieder einmal bewiesen, dass er der größte Detektiv aller Zeiten ist. Und Captain Hastings ist immer noch ein wenig töricht. Und St. Loo, das Äquivalent des idyllischen Torquay, liegt wieder im milden Sommerregen. Ich ziehe meinen Koffer zum Bahnhof, vorbei am Grand Hotel mit der Agatha-Christie-Hochzeitssuite, schaue noch einmal auf die Spanish barn und Alis Garten mit den giftigen Pflanzen. Dann nehme ich meinen Zug zurück nach Paddington Station.

Waren die Romane nicht schöner, als zwei gepflegte ältere Herren in Urlaubslaune noch darüber diskutieren konnten, ob da eben ein Kieselstein oder eine Kugel an die Mauer des Luxushotels geklatscht war? Schöner als die bluttriefenden Psychothriller von heute?

Das könnte erklären, warum Christie auch heute gelesen, gesehen, gehört wird.

Die Morde der Christie sind saubere Morde. Es gibt in diesem Genre nicht diese Splatterszenen, in der ausgeweidete, von Maden zerfressene Leichen quadratzentimeterweise beschrieben werden, bis sich dem Leser, der Leserin der Magen umdreht. Selbst wenn bei Agatha einmal exzessiv der Übergang vom Leben zum Tode vollzogen wird, hat der Tathergang etwas gleichsam Distinguiertes, bei dem sich der Täter nahezu sicher sein kann, dass kein Spritzer zu vermeidender Körperflüssigkeit seine Weste befleckt. In »Und dann gab's keines mehr« wurde der Diener Rogers mit einem Beil erschlagen. Da heißt es lediglich, das dunkle Braun auf dem Beil passe gut zur tiefen Wunde in Rogers Schädel.

Die Verbrechen der Christie sind selten im Bereich der Kriminalistik und Psychologie angesiedelt. Das Seelenleben der Bösen ist eher holzschnittartig. Charakter und Lebensumstände entscheiden über den Impetus zum Mord. Die Motive der Täter entstammen dem konventionellen Sortiment aus Eifersucht, Wut, Geld oder Gerechtigkeit, die nun endlich wiederhergestellt werden muss – das umfasst alle vom Lord bis zum Küchenmädchen. Es geht Christie mehr um die Atmosphäre von Raum und Gesellschaft.

An ihren Romanen fällt auf, dass sie nie ihre soziale Klasse verlässt. Ihr Personal entstammt dem Mittelstand, in der Regel dem gehobenen Mittelstand, mitsamt Personal. Die Herbergen sind Landhäuser und (Luxus-)Hotels. Die Fahrzeuge sind außergewöhnlich wie der Orient-Express oder der Nildampfer – allesamt Unterkünfte, in denen Armsessel bereitstehen, in denen der Detektiv mit gemäßigt exzentrischen, aber nie unpassenden Äußerungen Platz nehmen und die Schlussfolgerungen seiner grauen Zellen darlegen darf. Und die Leser stehen als unsichtbare Zuschauer im Raum, einige von ihnen bestimmt ebenso ambientegerecht gekleidet wie Hercule selbst.

Christies Morde sind Denksportmorde. Den Leser, der persöhnlich einer Straftat nie nähergekommen ist als beim Überschreiten seiner Parkzeit, fordern sie auf zu Misstrauen, unspezifischen Ahnungen und Gedankenklügelei. Das »Haus an der Düne« hat mit der Realität von Gewalt und Verbrechen so wenig zu tun wie Computerballerspiele mit den Schlachtfeldern in Syrien oder im Sudan. Und das ist es vielleicht auch, was ihren beständigen Reiz ausmacht. Wir sehen im Fernsehen die immer wiederkehrenden Wiederholungen der Verfilmungen aus den 1970er und 1980er Jahren mit Peter Ustinov als Hercule Poirot. Wir sehen die komplette Staffel der TV-Verfilmungen mit David Suchet als Poirot. Wir sehen Neuausgaben der Bücher überall auf der Welt. Wir sehen sogar aktuelle Kinoverfilmungen wie »Das krumme Haus«, das 2019 in die deutschen Kinos kam. Alle neueren Produkte wissen aber die Grundregeln zu wahren: Die *dramatis personae* erscheinen in feiner Kleidung, leben in einem Haus, das von großem Wohnstand zeugt, nebst Einrichtung, Fahrzeugen und persönlichen Gegenständen im Zeitkolorit. Ich schätze, dass wir niemals eine filmische

Übertragung eines Agatha-Christie-Stoffes in eine Epoche nach – sagen wir – 1970 erleben werden.

Wir wollen das nicht. Wir lieben die gemütliche Zeit der älteren Herren mit den grauen Zellen. In Luxuszügen und distinguierten Hotels.

Wir lieben die Nostalgie der unblutigen Morde, der gut gekleideten Menschen, der kniffelige Aufgaben.

Der schönen Landhäuser.

Wie Greenway House.

Dem Traumhaus.

Dem Idealhaus.

QUELLENANGABEN

Primärquellen:

Christie, Agatha: Meine gute alte Zeit. Die Autobiografie einer Lady. Aus dem Englischen von Hans Erik Hausner. 2. Auflage. Fischer Tb 2004.

Christie, Agatha: Wiedersehen mit Mrs. Oliver. Aus dem Englischen von Dorothea Gotfurth. 3. Auflage. Fischer Tb 2005.

Christie, Agatha: Das Haus an der Düne. Aus dem Englischen von Monika Gripenberg. 3. Auflage. Fischer Tb 2008.

Christie, Agatha: Hercule Poirot ermittelt. Vier neue Fälle. Aus dem Englischen von Richard Frenzl. dtv 2013.

Christie, Agatha: Das unvollendete Bildnis. Aus dem Englischen von Cornelia Stoll. Hoffmann & Campe 2015.

Christie, Agatha: Vorwort. In: And then there were none. Harper Collins 2015, Übersetzung: Paul Stänner.

Sekundärliteratur:

Almy, Percival H. W.: Torquay with its surroundings. With a Map of the District and Plan of the Town. The Homeland Association Ltd. u. Frederick Warne & Co 1911 (= The Homeland Handbooks Series), Übersetzung: Paul Stänner.

Chandler, Raymond: Mord ist keine Kunst. Zitiert nach: Der Kriminalroman I. Zur Theorie und Geschichte einer Gattung. Hg. von Jochen Vogt. Fink 1971. (= UTB für Wissenschaft).

Curran, John: Agatha Christie's Secret Notebooks. Harper Collins 2009, Übersetzung: Paul Stänner.

Eco, Umberto: Die Kunst des Bücherliebens. Aus dem Italienischen von Burkhart Kroeber. dtv 2011.

Hawthorne, Bret: Agatha Christie's Devon. Halsgrove 2009 / 2010 / 2017. (= Discovery series), Übersetzung: Paul Stänner.

Morgan, Jane: Agatha Christie. A Biography. Revised edition. Harper Collins 2017, Übersetzung: Paul Stänner.

Thompson, Laura: Agatha Christie. Das faszinierende Leben der großen Kriminalschriftstellerin. Aus dem Englischen von Tatjana Kruse. Scherz Verlag 2007 / Fischer Verlage 2010.

© G. Steinhauer

PAUL STÄNNER ist freier Journalist, schreibt Reise-
reportagen und regelmäßig für den Deutschlandfunk,
den RBB und WDR und hat mehrere Bücher veröffentlicht.

Rachel Ingalls   Mrs. Calibans Geheimnis

Das Monster kommt durch die Hintertür. Es liebt Avocados,
das Meer und Fernsehen. Und vor allem ist es unverschämt
attraktiv. Ein Monster? Nennen wir es einfach Larry.
Aus dem Englischen von Werner Löcher-Lawrence
Rotes Leinen. Fadengeheftet. 144 Seiten

Edith Sitwell   Englische Exzentriker

Dieses schon klassische Buch präsentiert berühmte Exzen-
triker aus dem unerschöpflichen englischen Fundus.
Aus dem Englischen von Kyra Stromberg
Rotes Leinen. Fadengeheftet. Mit vielen Fotos. 160 Seiten

Michelle Winters   Ich bin ein Laster

Eine rasante Kriminalliebesgeschichte im kanadischen Nir-
gendwoland, voller lustiger Begebenheiten und kurioser
Wendungen. Und mittendrin der Kulturkampf zwischen
französischem Folk und englischem Rock, zwischen Chevy
und Ford und anderen unüberbrückbaren Gegensätzen.
Aus dem kanadischen Englisch von Barbara Schaden
Rotes Leinen. Fadengeheftet. 144 Seiten

**Djuna Barnes   Die Frau, die auf Reisen geht,
um zu vergessen**
Geschichten von reisenden Frauen und über das Reisen.
Witzig, intelligent, exzentrisch: Vom Asphalt in die Ferne.
Und zurück. Verfasst von einer leidenschaftlichen Reisen-
den.
Aus dem amerikanischen Englisch von Inge von Weidenbaum
Rotes Leinen. Fadengeheftet. 80 Seiten

Noch mehr England im SVLTO

Hans von Trotha   A sentimental journey
Laurence Sterne in Shandy Hall

Ein Gentleman, ein Buch, eine Reise ... Der Englandkenner Hans von Trotha entführt ins 18. Jahrhundert, als die Perücken gelüftet und die Kragen gelockert werden durften, als man empfindsame Briefe schrieb und ebensolche Romane.
Rotes Leinen. Fadengeheftet. Mit Abbildungen. 144 Seiten

Graham Greene   Heirate nie in Monte Carlo

Das alte Lied vom Glück im Spiel und vom Pech in der Liebe hat Gültigkeit. Wer seine Ehe nicht gleich in den Flitterwochen aufgeben will, sollte sich in dieser Zeit nicht vom Büroangestellten zum Millionär mausern.
Aus dem Englischen von Ernst Laue und Ilse Walter
Rotes Leinen. Fadengeheftet. 120 Seiten

Hans von Trotha   Der englische Garten
Eine Reise durch seine Geschichte

Hans von Trotha führt uns durch die Geschichte des Englischen Gartens, eine Geschichte der Befreiung und er zeigt uns die zwölf schönsten Parks. Ein »Reiselesebuch« für zuhause und unterwegs.
Rotes Leinen. Fadengeheftet. 144 Seiten mit vielen Abbildungen

London   Eine literarische Einladung

Ein literarischer Streifzug durch eine coole Metropole. Mit David Byrne, Alan Hollinghurst, Sadie Jones, Hanif Kureishi, Doris Lessing, Ian McEwan, Muriel Spark, Virginia Woolf und vielen anderen u.v.a.
Herausgegeben von Hans-Gerd Koch und Ingo Herzke
Rotes Leinen. Fadengeheftet. 144 Seiten

ALAN BENNETT IM *SALTO*

Alan Bennett   Der souveräne Leser
Alan Bennett ist ein begnadeter Schriftsteller, aber auch
ein passionierter Leser. Mit dezidierten Meinungen: voll
des Lobs für seine Lieblinge, voll des Spotts für manch
überschätzten Autor.
Aus dem Englischen von Ingo Herzke
Rotes Leinen. Fadengeheftet. 144 Seiten

Alan Bennett   Die souveräne Leserin
Eine Liebeserklärung an die Queen und an die Literatur;
wer hätte gedacht, dass das zusammenpasst?!
Aus dem Englischen von Ingo Herzke
Rotes Leinen. Fadengeheftet. 120 Seiten

Alan Bennett   Così fan tutte
Mit allen Finessen der Ironie erzählt Bennett die Geschichte eines englischen Middleclass-Ehepaars, das vom
Opernbesuch nach Hause kommt und seine Wohnung
vollkommen leer vorfindet. Mit dem Verlust der gediege-
nen Einrichtung beginnt für sie ein neues, weniger weich
gepolstertes Leben.
Aus dem Englischen von Brigitte Heinrich
Rotes Leinen. Fadengeheftet. 120 Seiten

Wenn Sie mehr über den Verlag und seine Bücher wissen
möchten, schreiben Sie uns eine Postkarte oder elektroni-
sche Nachricht (mit Anschrift und E-Mail). Wir informie-
ren Sie dann regelmäßig über unser Programm und unsere
Veranstaltungen.
Verlag Klaus Wagenbach   Emser Straße 40/41   10719 Berlin
www.wagenbach.de   vertrieb@wagenbach.de

Agatha Christie in Greenway House erschien
im Frühjahr 2020 als 252. *SVLTO*.

2. Auflage 2024

© 2020 Verlag Klaus Wagenbach
Emser Straße 40/41, 10719 Berlin   www.wagenbach.de

Covergestaltung Julie August unter Verwendung
einer bearbeiteten anonymen Fotografie (1957)
© Mirrormix/Bridgeman Images. Gesetzt aus der Didot
Leinen von Gebr. Schabert, Strullendorf
Vorsatzmaterial von peyer graphics, Leonberg
Gedruckt und gebunden bei Beltz Grafische Betriebe,
Bad Langensalza. Printed in Germany
Alle Rechte vorbehalten

Vorsatzmotiv: Greenway Estate 1852,
© Staatsbibliothek zu Berlin (Kartenabteilung)
S. 40, 57, 59, 74, 91: © Mauritius Images
Die Porzellanminiaturen zeichnete Lena Wientjes

ISBN 978 3 8031 1351 1